〈梅沢劇団創立80周年記念出版〉

顔で笑って、心で泣いて。

忘れられない母のことば

梅沢富美男

ブックマン社

母の背中で聞いていた　遠く優しい子守歌
次の人生あるならば　やっぱりあなたが生んでくれ
白神山地に春間近
母さん　母さん　会いたいなあ

ブナの林を渡るのは　祭囃子かホタル火か

夢で良いから降りて来い　小言のひとつも手土産に
白神山地の夏がゆく

梅沢富美男

母さん　母さん　会いたいなあ

津軽みちのく雪国の　いつもふるさと思い出す
おやじおふくろ空の上　今ごろ笑っているだろか
白神山地はあたたかい
母さん　母さん　会いたいなあ　母さん　母さん　おかあちゃん

――『白神恋唄』作詞　伊藤薫

顔で笑って、心で泣いて。

プロローグ

青森で梅沢富美男劇団の公演があった日のこと。ある人からこう言われました。

「富美男さんの女形は、まるでねぶた絵の中から抜け出たように美しくて艶っぽいね」

嬉しいです、ありがとうございますと御礼を申し上げて、私は胸の中で小躍りしました。

おふくろ、また褒められたよ、ねぶた絵みたいだってさ。

……この年齢になっても尚、誰かから嬉しい言葉を言われるとそっと母親に報告している自分がいます。

２０１７年8月。僕はねぷた祭りの余興として、青森県藤崎町というところで花魁《おいらん》道中を行いました。藤崎は、ふじりんごの発祥の地として有名な町です。ふじは、生産量世界一のりんごです。翌日の地元の新聞、東奥日報にはこんな記事も掲載されました。

〈青森県藤崎町の「ふじりんごふるさと応援大使」で、俳優・歌手の梅沢富美男さんが5日、藤崎夏まつりの藤崎地区ねぷた合同運行に合わせ花魁（おいらん）道中を披露した。あでやかな花魁と勇壮な扇ねぷたの共演に、沿道に詰め掛けた観衆が酔いしれた。「新・藤崎音頭」の流し踊りを先頭に扇ねぷた14台が出陣。花魁道中の一行は、最高賞の安東賞を受賞した「水木ねぷた愛好会」のねぷたの前で約1キロを練り歩いた。鎌田兼視町商工会長、平田博幸町長らが紋付きはかま姿の旦那衆に扮《ふん》し、梅沢さんを先導した。色鮮やかな衣裳をまとい、30センチの高げたを履いた梅沢さんが姿を見せると、カメラのフラッシュが次々と光った。禿《かむろ》と呼ばれる女性たちや男衆を従え、ほほ笑みながらゆったりと歩みを進める梅沢さんに、沿道から歓声や拍手が起こった。運行終了後、梅沢さんは「今までで最高だった。おふくろの生まれ故郷で花魁道中ができてよかった」と笑顔。見物した黒石市の会社員女性は「梅沢さんの花魁はきれい

だった。藤崎のねぷたも、初めて見たが見応えがあった」と満足そうだった〉

藤崎は僕の母、竹沢龍千代《たけざわりゅうちよ》の生まれ故郷です。

竹沢龍千代は、僕のおっかさんであると同時に、芸の道を叩き込んでくれた人です。言わば、すべての運命の道は、龍千代が切り拓いてくれたようなものです。役者という長い長い道のりを一歩一歩、時には躓《つまず》き、時には道を間違えながらも歩いてきたからこそ、今日、僕はおふくろの生まれ故郷の路地を、たくさんの人に囲まれて花魁道中できている。感無量でした。

龍千代がこの町で生まれたのが、大正2年（1913年）のこと。それから時は流れ、104年の時がたゆたい、きっと今、僕に道すがら声をかけてくれている人も、かつて母がお世話になった人やその友人、親せきのお子さんやお孫さん、ひ孫さんだったりするのでしょう。御縁というのは世代を越えて脈々と受け継がれていくものなのだ。この夏の宵に美しく浮かび上がるねぷたの歴史のように。長い道のりはひとりで歩いてこられたわけじゃない。多くの御縁をいただきながら、僕はこうして「道」を歩かされている。

人との御縁が、人生の花道を作るのです。御縁をなおざりにしたり、自分ひとりで生きてきた気になっているうちは、花道は開けない。思えば、日本人は「道」という言葉をとても大切に使ってきました。もとはと言えば、老子の「道《タオ》」からきているのでしょう。老子はこう言いました。「道の道とすべきは、常の道に非《あら》ず。名の名とすべきは、常の名に非《あら》ず」。

つまり、道とは、これが道だと説明できるようなものではないというわけです。言葉では言い表せない崇高なものが道である。剣道、弓道、柔道、茶道、香道、華道、そして任侠道というものさえある日本……言葉では説明が難しい、一日にして成しえない、一生かけて積み重ねるものだからこその「道」なのです。僕はおふくろに「お前の道は、芸の道、役者の道。いいか。この道を一歩一歩、歩いてごらん」と言われて、役者の道を歩いてきた。ときどき立ち止まって振り返れば、そこにはいつも、おふくろが立っていたように思います。

「お前の花魁を藤崎で見せてあげたいね」。おふくろは、故郷の思い出話になると、ときどきそんなことを僕に言っていました。

「そうだねえ、いずれそんな日がくるといいね」

そう言っているうちに、あの世に逝ってしまった。

なんでもっと前に、おふくろが生きているあいだに、こうしてあげられなかったんだろうか。親の心、親の愛情というのは、いつだって、後になってからわかるんだ。そんなことを考えながら藤崎町を練り歩くうち、気づけばおふくろの生家の前に来ていました。

おふくろ、待たせたね……。

ラーセラッセ、ラーセラー。ヤーヤドー。ラーセラッセ。ラーセラー……次第に高まりゆく、男たちのお囃子。闇の中に浮かびあがるねぷたの美しさに、金糸銀糸を織り込んだ煌《きら》びやかな花魁衣裳。母親に抱きかかえられた小さな女の子は、丸い目を輝かせて僕を見て、たいそう喜んでくれている。百年前――龍千代がこの少女のような年だった頃、きっとこの同じ場所で、同じように歓声を上げていたことでしょう。祭の熱が高まりゆく中で、僕は時を超え、おふくろと一緒にこの道を歩いているような、不思議な心地になりました。涙がこぼれないように藤崎の夜空を見上げました。

夏の月がきれいでした。

目次

第一章

ダイヤモンドの指輪

僕のおふくろ、龍千代は、大正2年9月25日に、青森県藤崎町で雑貨問屋を営む清水清五郎《せいごろう》と、ふさの間に、5番目の子どもとして生を享《う》けました。

第一次世界大戦が始まる1年前のことです。

カチューシャかわいや　別れのつらさ〜と唄った松井須磨子《まついすまこ》の『カチューシャの唄』が大流行したこの年は、大正ロマンというハイカラな文化の時代のど真ん中でありながら、歴史の本によれば、東北は大変な飢饉《ききん》に見舞われたという記述があります。米騒動が起こるのはこれから5年後の大正7年ですが、大正3年の青森地方では、「コメよこせ」と市民の大暴動が起きたとの記録が残っています。そんな時代背景から、母は、「千子（ちね）」と名づけられました。竹沢龍千代というのは、後に役者となってからの芸名です。

「この先千年、食べ物の苦労を味わわせたくない」という親の思いをそのまま名前にしたようです。千子の「子」は、ネズミの意味を込めたそうです。

娘の名をネズミにあやかった？

今では考えられない感覚でしょう。しかし現代と違い、当時のネズミというのは、子沢山で豊かさの象徴でした。ネズミがちょろちょろ走っている家とはつまり、食べ物が豊富にある幸せな家ということ。だから、「ちこ」じゃなくて、「ちね」と読ませたわけです。

ネズミの「ね」がつく名前なんて恥ずかしいわと、少女になった千子が頬を膨らますと、

「何を言ってんだい？　日本にひとつしかない、よい名前なんだよ」

といつも母親のふさに窘《たしな》められたそうです。

僕の母方の祖母にあたる、ふさという人は、由緒ある津軽藩家老の家柄で、日本舞踊の最大流派、花柳《はなやぎ》流のお名取であり、地元で多くのりんご園を持つ名家のお嬢さんでした。

そして、その夫、つまり私の祖父にあたる清五郎は、三つもの大きな戦争を生き抜いてきた、二〇三高地の生き残りの騎兵で、地元でも評判の猛者だったそうです。半

ば婿養子のような形で、名家のお嬢さんであるふさとお見合い結婚した清五郎は、かなりの二枚目だったといいます。夫婦のために雑貨問屋の資金を出資したのも、りんご園で成功を収めていたふさの父でした。

飢饉の年に生まれたとは言え、こうして裕福な家庭に生を享けた千子は、幸せなことに、空腹に困ることはなく大事に育てられました。

しかし千子が1歳半の頃、ハイハイをしているうちに囲炉裏《いろり》に落っこちて大やけどを負うという悲劇が起きたのです。風邪を引かぬよう、囲炉裏の部屋で赤ん坊を寝かしつけたふさは、そのますやすやとしばらく眠っているだろうと思い、ほかの部屋で、熱を出して寝ていた長男の様子を見に行きました。その矢先の出来事でした。

「ギャーッ」とつんざくような赤ん坊の悲鳴が聞こえて、ふさが慌てて駆けつけると、千子が囲炉裏に落ちて火だるまになっていました。

すぐに助け上げたものの、全身が真っ黒の黒焦げで、おむつからはもうもうと煙が立っている。泣き叫ぶ千子の着物を一枚一枚、ふさも泣きながら火箸でそっとはがしていったそうです。

もうこの子はダメだ、死んでしまうだろう、この子が死んだら私も死ぬしかないと、ふさは覚悟をしたそうですが、千子の運の強さはここから始まっていました。おむつや冬場の厚着が幸いして、火は皮膚にまでは届いておらず、どうにか一命をとりとめることができたのです。しかも顔は奇跡的に無傷で済みました。

とは言うものの、見るも無残な全身が水ぶくれ状態の赤ちゃんになってしまいました。ふさは必死で町の外まで出かけて、やけどの名医を探し当て、手厚い看護をしたおかげで、夏がくる頃には、直接火にあたった首筋と手を除いてはきれいに治ったというのですから、当時のお医者さんもたいしたものです。

「あれが貧乏の家の子どもだったら治らなかっただろう、死んでいただろう」

ご近所からはそう噂をされたといいますから、千子は本当に運が強く、そして恵まれていたのだと思います。

大正5年、千子が3歳のときに、家族とともにこの藤崎町を離れます。父の清五郎は、義父のすすめもあって一念発起、福島県は郡山《こおりやま》でりんご問屋を始めることを決意したのです。のちに僕、富美男もこの福島の地で生まれることになりますが、それはまだまだ先の話……。このとき、季節ものであるりんごだけでは商売が不安定だろうからと、菓子問屋と蕎麦屋も一緒に始めたそうです。

この頃、第一次世界大戦下ではあったものの、日本は戦争の舞台ではなかったうえ、日本軍は海の向こうの各地で勝利し占領地を増やしていったため、大戦景気という名の、束の間の好景気を享受していたのです。

戦争に参加していたにもかかわらず、海外への兵器や食糧の輸出が劇的に増えたことによりバブルが起きたのでした。現代と違ってテレビもインターネットもありませんから、戦場の状況はまったくわからなかったという背景がありながら、この大戦景気は、大正4年の後半から大正9年春の戦後恐慌まで続きました。

郡山に引っ越した千子の両親は、商売を広げたため、藤崎にいた頃よりも使用人も増えて、それはがやがやと賑やかな中で、千子は蝶よ花よと育てられました。末娘で、しかもやけどの疵《きず》があったからよけいに可愛がられたのでしょう。おっと、この頃、妹の嘉千子《かちこ》が生まれたので末娘ではなくなったようですが、兄弟姉妹の誰よりも明るくておきゃんな娘に育っていきました。

花柳流のお名取さんだった母・ふさの血を色濃く受けたのか、兄弟姉妹の中で千子はいちばん踊りが好き。音楽さえ鳴れば、ぱんぱんと手を叩き、誰に教わることもなく、身振り手振りで家族を笑わせていたことから、ふさは、千子を日本舞踊のお教室に通わせることにしました。

「この子はやけどの疵が残っているから、お嫁には行けないかもしれない。ならば、日本舞踊の師匠にさせて、せいぜい女ひとりで食べられるようにだけはしておかなければ……」というふさの想いもあったのでしょう。

そうとは知らずに千子は、日本舞踊を習うのが楽しくて嬉しくて、学校が終わると毎日稽古に勤しんでいました。ほかの時間は、女の子同士でお手玉をするよりも、河原や神社で男の子とチャンバラごっこをして遊ぶのが好きだったといいます。

年頃になると、千子は映画にも夢中になりました。ときどき清五郎の目を盗んで、店の帳場から50銭玉を1枚拝借。駅前の映画館に出かけては時代劇を見て、お蕎麦を食べるとちょうど五十銭だったそうです。

大戦景気に乗っかって、千子は何の不自由もない少女時代を過ごしていましたが、15歳の夏、少女の幸福は突然終わります。

いつものように踊りの稽古から帰ってくると、お店の様子が何かおかしい……お客ではないような威圧的な男が何人も店の前に立っていて、「申し訳ありません」とふさが何度も頭を下げています。そういえば父の清五郎は、二、三日前からいませんでした。その日の夜、父が不在の夕飯が終わると、ふさは子ども達にこう言いました。

「明日からは、うちにお金がなくなるから。今までとはちょっと違う暮らしになるよ」

ふさが言うにはお店が倒産し、しかも清五郎が、よそに女を作って蒸発したということでした。

千子と兄弟は、その話を受け止めきれず、目を丸くするしかありませんでした。戦後の恐慌を引き金にして、店の活気が一時期よりも落ちていたのは千子もなんとなくは感じていました。しかし、そうした中で父に、まさかほかに世話をしていた女の人がいたとは……。私達は父さんに捨てられたということなのか？　何もかもが信じられません。ふさは一体、いつから知っていたのでしょう。

「その女の人はね、数年前にご主人に先立たれてしまってさ。ひとりで幼い娘ふたりを抱えて苦労していたらしい。それで、世話好きのあの人が生活の相談に乗っていたんだけど。まさか、わりない仲になっちまうなんて……」

子どもたちに泣き顔を見せまいと、ふさは必死に涙をこらえています。妹の嘉千子が千子に、ねえちゃん、わりない仲ってなあに？　と訊いてきます。なんだろうね。千子は首を傾げて自分もわからないふりをしました。

「あのときね、私は初めて、人を憎むってことを知ったんだよ」――おふくろはときどき、僕にそんな話をしてくれました。

　人生で生まれて初めて憎んだ相手が実のお父さんだったとは、一体どれほどの試練だったことでしょう。やつれた母の横顔を盗み見ながら、お父さんを必ず見つけ出そう、そして首に縄をかけて、もう一度我が家に帰ってきてもらうんだ……そう決意した千子でしたが、現実には為す術などひとつもありません。ならば、両親の実家のある青森の藤崎にみんなで帰ればいい、お爺ちゃんは喜んで私たちを出迎えてくれるだろう、夏休みのたびに藤崎には帰っているんだから、ちっとも困ることなんかない。お友達だってすぐにできる。母さん、みんなで藤崎に帰りましょうよ……そう提案したのですが、ふさは首を横に振りました。

「もうこれ以上、お爺ちゃんに甘えるわけにはいかないんだよ」

「なんで？　どうして帰れないの……」

夫に出て行かれた妻の最後の矜持《きょうじ》など、まだまだわからぬ年齢。千子には、母の気持ちが理解できずにいました。このときの母の気持ちが痛いほどわかったのは大人になってからだとおふくろは言っていました。

幸せに暮らしていることが嫁いだ娘の務めです。お金も潤沢《じゅんたく》に与えて幸せにやっていると信じている年老いた実の親に、夫が女を作って出て行ってしまった、もうお金もないから助けてほしいなどとどうして言えようか。そんなことで親をがっかりさせては台無しだ。親に愛されていたからこそ、不幸な顔は見せたくなかったのです。

結局、藤崎へ帰ることを拒んだふさの決断により、郡山の店もすべて借金のカタに取られて無一文となった一家は、北海道の小樽に数年前に嫁いだふさの妹、君子を頼って引っ越すこととなりました。一番上の兄はすでに東京で絵の勉強をしていました。また、次男はこの君子の家で数年前から寄宿していたので、自然な成り行きと言えばそうだったのかもしれません。こうして生まれて初めて、千子らは青函《せいかん》連絡船に乗り、小樽へと渡りました。

当時の小樽という町は、明治32年（1899年）に小樽港が国際貿易港となったのを機に、洋館の立ち並ぶモダンな都市になっていました。江戸時代後期にニシン漁が盛んになることによって、北海道でいちばんの経済都市として名を轟かせていたのです。

ふさの妹、君子が嫁いだ家は、小樽の繁華街の近くにあって、200人ほども入る劇場を経営していました。ふさはここで劇場を手伝うことになりました。千子の姉は小樽の女学校へ編入が決まりました。しかし千子は、「私は勉強が嫌いだから、女学校へ行くよりも日本舞踊を習わせてほしい」とふさに懇願します。

この頃、千子の胸の奥にはもう、「私は芸の道で身を立てていこう」という密かな決意が芽生えていました。

しかも、叔父が劇場を経営しているという好運。千子は多少肩身の狭い思いをしながらも、学校には行かず、毎日、映画やお芝居を観て暮らせるという特権を得たのでした。イケイケドンドンだった小樽の町。郡山の小さな映画館ではかからなかった映画やお芝居が次から次へとかかり、千子はすぐににぎやかな小樽の生活に溶け込んでいきました。

そんなある日、その劇場に「娘歌舞伎」の竹沢一座がやってきます。「娘歌舞伎」という言葉を初めて聞いた人もいるでしょう。本来の歌舞伎は、みなさんもご存じのように男だけで演じるものですが、「娘歌舞伎」はその逆で、15歳から20歳くらいまでの女の子ばかりで歌舞伎を演じる一座で、日本全国を巡業していたそうです。宝塚の歌舞伎版といった感じでしょうか。現在ではこのような形の一座はなくなってしまいました。

この「娘歌舞伎」を始めたのが、竹沢龍造さんという、人形文楽で三味線を弾いていた人。文楽を観たことがある人も多いと思います。美しく精巧な人形を、一体を三人がかりで操作して、義太夫に合わせて歌舞伎のような芝居を演じさせますよね。この芝居を、人形ではなく、生きた人間に、それも若く初々しい娘ばかりで演じさせたらどれほど美しいだろう——ということで実現させたのが、「娘歌舞伎」だったのです。

生きた人間が文楽人形のように演じるわけですから、声に出して台詞は言いません。唇とまなざしの動きだけで喜怒哀楽を表現し、三味線と義太夫に合わせて、所作ごとをするのです。この「娘歌舞伎」との出会いが、千子にとって運命の分岐点となりました。

「娘歌舞伎」の公演が小樽でかかっているあいだ中、千子は毎日のようにその稽古を見に行ったそうです。

もともと物覚えのいい千子のこと。数日稽古を見ているうちに、役者達の身振り手振りも覚えてしまいました。座長の龍造に気に入られたのは言うまでもありません。

「ほう、ちねちゃんは、そんなに踊りが好きなのか。どうだ、そんなに好きならばうちに入らないかい?」

龍造さんにしてみれば、劇場主の姪っ子ということで、お義理でかけた言葉だったかもしれない。しかし千子は、思いきり真に受けました。

「でも私、日本舞踊のほかは何もやったことがないの。お芝居なんてできるかしら」

「なあに、３年は修行してもらうから大丈夫だ。でもちねちゃんは、踊りの下地があるわけだから、もっと早く舞台に上がれるかもしれないなあ」

千子は目を輝かせます。

「この小樽が終わったら、私らは函館に１ヵ月ほどいますから、そのあいだにゆっくり考えなさいよ」

「函館のあとはどちらへ行かれるの？」

「その後は札幌だよ。その後は東京だね」

「とうきょう？」

「その東京のあとは、朝鮮に行かなきゃならない」

「ちょうせん？」

……遠い遠い町の名前を、龍造さんはなんだか隣町にでも行くように気軽に言うので、千子の胸の鼓動は高鳴りました。そうか。娘歌舞伎に入れば、私はどこにだって行けるんだ！　夢のような仕事だわ！　その瞬間、千子の頭に浮かんだのは、もう何年も会ってはいない、父、清五郎の顔。そうか、この一座に入って日本中を旅すれば、いつか父に会えるかもしれない。いや、きっと会えるはず。しかも私は、大好きな踊りで稼いで、ごはんを食べることができる！　親戚の世話にならなくてもいいのだ。

千子の心は決まりました。

ところがその夜、家族に相談すると、みんなから、冗談じゃないと大反対されます。

「芸事をたしなむことと、芸人になることは違うんだ。おまえは全然わかっとらん」

「娘歌舞伎？　世間では歌舞伎役者のことをなんて言われているか知っているのかい？　河原乞食《かわらこじき》と言われるんだよ。おまえはわざわざ乞食の真似事をして全国を旅するっていうのかい？　笑わせるんじゃないよ」

いちばん堪《こた》えたのが、母、ふさの言葉でした。

「確かにおまえには父なし子で辛い思いをさせたよ。まさかこんなことになるとは思わなかった。だけど、あんたも知っているように、私の藤崎の実家は青森じゃちょいと知れた家柄なんだよ。あんたは芸人になってうちの家名に傷をつけるつもりかい？　え？　そんなことなら、踊りなんか習わせるんじゃなかった。ちゃんと女学校に行かせるんだったよ」

大好きなお母さんを、悲しませている。何度も何度も家族会議が開かれました。しかし、千子の心は決まっていました。お願いします。お母さんには迷惑をかけません。

許されないというのなら、勘当してもらって構いません。だから、お願いします。お願いですから……。

そして、竹沢一座が函館に発つ前の晩夜遅くのこと。家族が寝静まってから、ふさは千子を呼び出しました。

「千子。どうしてもあの娘歌舞伎一座について行きたいのかい？」

「はい。お願いします」

「もしもあの一座にどうしてもついて行くというのなら、二度とこの小樽には戻っては来られないかもしれないよ。いいえ、戻って来るのは母さんが許さない。それでも、いいの？」

一座にくっついて行きながら、本当は手掛かりのない父、清五郎を捜したいのだ、とは千子は言い出せませんでした。

「ここでもっと、好きなだけ踊りのお稽古をしていていいんだよ」

「でも母さん、叔父様と叔母様に一生食べさせてもらうようなことはできません。踊りの道だって一生懸命頑張れば、誰の世話にもならないで親子で暮らせるようになるとお師匠さんも言っていたし。私、きっと踊りの道で頑張れる」

ふさは覚悟を決めたように、千子の顔をじっと見つめました。

「強情な娘だこと。誰に似たのかしらね。そう。そこまで言うのだったら、覚悟ができているんだね。おまえは、この家から勘当されるも同じだよ」

「……はい」

ふさは、涙を隠すようにして立ち上がると、小さな小さな箱を持ってきて千子の手のひらに載せました。

「なんですか」

「いいから、あけてごらん」

小さな箱をあけると、なんとそこには眩しくきらめく指輪がありました。

「これは？」

「ダイヤモンドさ。今ね、お母さんにはもうこれしかないの。娘歌舞伎は全国を旅してまわるのだから、いつどこに連れて行かれるのかわかりゃしない。いいかい？　何か辛いことがあったり、万が一のことが起きたら、このダイヤを質に出して、お金を作ってすぐに逃げなさい。すぐに帰って来なさい」

勘当だと言ったそばから、すぐに帰って来いと言う。ふさの瞳が、涙で光っているのか、ダイヤモンドの反射で光っているのか、それとも自分が泣いているのか……千子には、わかりませんでした。

こうして千子の運命は、動き出しました。昭和4年の冬のこと。千子は17歳になっていました。

＊＊＊

おふくろは、そのダイヤモンドの指輪を、死ぬまで大事にしていました。指先を見つめては、時折昔話を語ってくれました。それは娘時代の幸せの証であり、変わらぬ母の愛の象徴でもありました。つまりおふくろは、母との別れの後に、どれほど辛いことが起きても絶対にその指輪を売らずに守ってきたのです。僕は今でも、ダイヤモンドの指輪を見かけるたびに、あの指先を思い出すのです。

母・ふさと姉妹。一番右が千子

第二章

女の園

千子が17歳で運命の決断をして飛び込んだ娘歌舞伎の竹沢一座は、50名からなる大所帯でした。座長であり、娘達の師匠でもあった竹沢龍造さんと、その妻。三味線も、この夫婦が弾きます。その三味線の弟子が3名、道具方が2名なので、男は合計6名。あとは全員、若い娘達で義太夫語りが10名、役者が40名。

千子はこの一座で浮いた存在でした。

というのも、ほかの少女達は誰もが、千子のように踊りが大好きで、望んで娘歌舞伎をやっていたわけではなく、貧しい家庭ゆえ、口減らしや奉公のため、半ば親などに命令されてここに身を預けていることがわかったのです。

先に龍造さんが言っていたように、この娘歌舞伎一座では、3年間みっちりと修行を積んでからようやく初舞台が踏め、そのあと2年が御礼奉公、という決まりがあったそうです。

今の若い人から見れば、3年も修行で舞台に出られないなんてと驚くかもしれませんが、芸の道とは本来、そういうものです。

我が梅沢富美男劇団だって、入団して3年で初舞台ならば、早いくらいだと思います。スカウトなりオーディションなりで事務所に入って、半年やそこらでプロの役者を名乗り、仕事をもらえてお給料も頂けるのは、今どきのテレビの世界だけではないでしょうか。

表舞台に出て人気に火がつくのも早ければ、消えるのもあっという間。一発屋で当てた芸人なんて、翌年には世間から忘れ去られてしまうこともある。実際、なんで君、テレビに出ているの？というくらい、芸もなければ喋りもできない、おまけに礼儀もまったく知らないお粗末なタレントがごまんといる。そういう人は、残念ながらすぐに消えてしまいます。それは、基礎の修行をしっかりやっていないからです。だからある意味、誰でもすぐに有名人になれるテレビの世界は、残酷な場所だと僕は思います。誰も道を作ってくれないのです。人を育てられないし、本人だってどう勉強していいのかわからぬままに、芽を摘まれてしまうわけですから。

竹沢一座の修行は、毎日が息つく暇もないほどに、とても厳しかったそうです。踊りが大好きだった千子でさえそう思うのですから、単なる口減らしで入れられた娘達の中には苦痛としか考えない子もいて、御礼奉公が終わるや否や、一座を辞めて帰って行く子もいたそうです。

しかしここでも、千子はものすごい強運を発揮します。

千子が一座に入門し、函館に着いて10日ほど経った頃、娘達が6台の馬車に乗って険しい山道を移動中に、千子が乗っていた後ろの馬車馬が突然暴れだし、崖から落ちてしまったのです。

前の馬車に乗っていた千子らは即座に馬車を降りて、帯を解くと、崖の下にいる娘達を必死で釣り上げました。死者は出ませんでしたが、このとき、数人の娘達が怪我を負ってしまいました。まずは怪我人を馬車で病院に運ばねばならぬと、無事だった千子ら3人の娘が馬車を降り、吹雪の中に取り残されたのです。

陽が沈むとともに気温は下がり、あたりは凍えそうな闇に包まれていきました。3人は体を寄せ合って、手を擦り合い、歌いながら迎えの馬車を待ったそうです。ぬくぬくと育った小樽を出てからたった10日目の娘を襲った、今までは想像もつかぬような試練です。寝てはだめよ、寝てはだめ、と互いに励ましながら凍えた睫毛《まつげ》を温めるように目を閉じると、母・ふさの顔が浮かびます。お手洗いももう限界でした。

「おまえはわざわざ乞食の真似事をしようっていうのかい？」

と嘆く声の母。

おっかさん……今頃、母さんは何をしているだろう？　妹は？　叔母さんと叔父さんは？　皆で夕ご飯を食べている頃かもしれない。今日は劇場ではどんな芝居がかかっているんだろう？　おっかさん、今すぐ帰りたいよ、今すぐお風呂を沸かしてよ……。

言葉にしたら泣き出しそうです。泣くものか。こんなところで死ぬものか。まだ何も始まっていない。私の人生はまだ始まっていないのだから……鞄の中に忍ばせたダイヤモンドの指輪の小箱をそっと手で確かめると、千子はまた元気に歌い出しました。

人間万事塞翁が馬《じんかんばんじさいおうがうま》。

千子はこの言葉の意味するところを、17歳で知りました。

この言葉はもともと、『淮南子《えなんじ》』という、中国の古い書物に書かれていた物語が原点です。


〈昔々、中国の北の方に、よく当たると評判の占いをする老人がいました。

さらにその北へ行くと、「胡《こ》」という異民族が暮らす国がありました。

あるとき、その老人の馬が、胡の国のほうへと逃げてしまったのです。

馬は、大きな財産ですから、近所の人々は気の毒がり、老人を慰めました。

しかし老人は、意外なことに気落ちしておらず、こう言いました。

「この禍《わざわい》が、幸福にならないとも限らない」

人々は、せっかく慰めてやっているのにこの老人は何を言っているのだと呆れました。

それからしばらく経ったある日のこと。なんと、逃げ出した馬が帰ってきたのです。しかも、「胡」の見事な馬をたくさん連れて。

近所の人々は、老人の好運を口々に祝いました。

しかし老人はこう言います。

「この幸福が、禍にならないとも限らない」

それからしばらく経ったある日のこと。老人の息子が、落馬で骨折をしてしまいました。近所の人々が、不運を慰めました。

しかし老人は、またこんなことを言います。

「この禍《わざわい》が、幸福にならないとも限らない」

それから一年が経過した頃、北から胡の軍隊が、戦争を仕掛けてきました。

村の若者は、戦へと出向き、なんとか胡を撃退することができましたが、多くの者が戦死してしまいました。

老人の息子は怪我をしていたので、戦争に行かずに済みました〉

つまり、禍福《かふく》（禍と幸福のこと）というのは、まったく予想がつくものではなく、ある日突然やってくるのだということです。

3年間の修行ののちに、ようやく舞台に立たせてもらえるはずの娘歌舞伎。

しかし、思わぬ馬車での事故により、何人もの役者が次の巡業先で舞台に立てなくなってしまった。だからといって舞台を中止するわけにはいきません。一度中止すれば、莫大な借金を抱えてしまうのが、この世界の恐ろしいところ。それは今とて同じです。

そして、3年のはずが、入門からたったの15日目に、千子は舞台に立つことになりました。なんという大抜擢。しかも貰った役柄は、『太閤記・十段目』という芝居の加藤清正という大役。背が高かったので、男役に抜擢されたのです。

「できるのだろうか。素人の私に加藤清正が務まるのか……」

緊張で全身が震えました。千子ははじめて、先輩方に教えてもらいながら、顔に白塗りの化粧をしました。その白塗りの刷毛が首筋のあたりまですーっと伸びると、あら不思議、物心ついた頃からずっと気になっていた首の傷痕も消えてしまいました。

その瞬間に震えは止まり、覚悟は決まりました。

「千子、おまえさん、舞台に立つからには芸名をつけないといけないね」

「……はい」

「じゃあ、おまえさんは今日からこの名前でいけ」

そう言って、師匠の龍造は半紙に筆でこう書きました。

〈竹沢龍《りゅう》千《ち》代《よ》〉

師匠が言うには、この名前は、竹沢一座の一期生で、そこから名を上げて、あの松竹映画の看板女優になっていた柳さく子が使っていた名前なのだそうです。その愛らしい顔つきの女優が出ている映画なら、千子は何本も観ていました。

師匠が半紙に書いてくれた芸名。じっと見ていても飽きることはありません。私は今日から本当に役者になるんだ。千子じゃなくて、龍千代になるんだ。おっかさん、私、今日から役者になるのよ。ネズミから龍になるんだよ。
白い首筋の傷痕にそっと手を当て、母に祈ると、舞台へと向かいました。初舞台はとにかく無我夢中でした。何もわからぬまま、気づけばお客さんの拍手に包まれて緞帳が降りていました。

たった15日で娘歌舞伎の舞台に立った龍千代。見よう見まねの初舞台でしたが、よほど評判がよかったのか、馬車で怪我をした先輩の姉さん役者達が一座に復帰しても、師匠の龍造は、代打の龍千代を役から降ろそうとはしませんでした。長いあいだ日本舞踊を習っていたせいで、所作はうまくできていたのでしょう。呑み込みが早いのは、子どもの頃からです。
あれよあれよという間に、代打どころか龍千代は次々と大役を貰えるようになっていったのです。しかし、入門したての娘の、異例の大抜擢を娘歌舞伎の姉さん達が許すわけもありません。

「私がやるはずの役を、あんな新人に取られるなんてさ！」

当然嫉妬に燃え盛り、いじめられることもしょっちゅうあったそうです。

いざ舞台に出ようとしたときに、履物がなくなっているなんて日常茶飯事。しかも意地悪なことに、片方だけがなくなっています。そして、何よりも困ったのは、龍千代にだけ稽古をつけてくれないことでした。

「どうぞ教えてください」と三つ指をついて部屋の前で半日頭を下げ続けても、ウンともスンとも返事をしてくれない姉さんもいました。

仕方ないので、真夜中の誰もいない舞台に立ち、自分の口三味線にあわせて必死で稽古。しかしそれすらも、「何時だと思ってんのよ！　うるさくて眠れないじゃないの！」と言われれば、おとなしく引き下がるしかありませんでした。あとはとにかく、自分が舞台に出ていないときは、舞台の袖から必死で見て覚えるしかありません。

瞬きも惜しんで見るしかない、見て盗んで、覚えるしかない。それが芸の道なのだ……。

「今となればね、あのときに姉さんたちに意地悪されてよかったんだよ。そのぶん、必死で覚えるしかなかったからね。履物や衣裳を隠されるたびに、今に見ておれ！という気持ちになれたたね。芸というのはね、反骨精神がなきゃできないよ。苦労して覚えたほうが身につくものなんだよ」

おふくろは、当時のことをそう振り返っていました。

そういうわけで、人間万事塞翁が馬とばかりに入門からすぐに舞台に立っていた龍千代でしたが、昭和7年に修行時代が終わりました。いよいよお給料が貰えるのです。初任給は30円。当時、大卒の初任給が50円くらいだったそうです。蕎麦やうどんが、1杯10銭から12、13銭だったといいますから、現代の事情に換算すれば、15、16万円くらいといったところでしょうか。しかし、その頃、龍千代はもはや竹沢一座の花形役者。贔屓《ひいき》のお客さんからのご祝儀もたくさんあったため、合わせて50円も稼ぐ月もあったそうです。

小樽での母との別れから4年目にして、龍千代はせっせと小樽の母のもとに仕送りができるようになっていました。何よりそれが嬉しかったと言います。

その年の冬、東京での巡業の折、絵の勉強のために下宿生活をしていた長兄と次兄の様子を見に出かけると、なんともひどい暮らしぶり。いたたまれなくなった龍千代は貯金をはたいて、兄達のために小さな家を買ってあげました。それを機に、母と妹も小樽から東京へと引っ越して行きました。

芝居の世界において、先輩の言うことは絶対ですが、舞台に立てばライバルです。いくら運命の悪戯とは言え龍千代の早すぎる役者デビューは、ライバルの不幸を踏み台にしたように見えた人もいたでしょう。役者であれば（いや、それ以外の世界でも）ライバルに対し、「しくじれ！」という気持ちは絶対どこかにあるだろうし、この気持ちを持てない人間は、一流にはなれないと思います。当然、僕にもあります。

しかし、最大のライバルは、自分自身です。

まだ10代だった龍千代も、それを理解していたからこそ、舞台に立ち続けられたのでしょう。当たり前ですが、誰かに嫉妬をしているだけではチャンスをモノにすることはできません。そして嫉妬には、実は二種類あるんです。相手を蹴落とそう、引きずり降ろそうとする嫉妬と、相手よりも上手くなろう、高みに行こうとする嫉妬。言わずもがな、自分が成長できる嫉妬は後者です。普段から努力を積み重ねているからこそ、チャンスが舞い込んできた時にモノにできる。

努力を重ねていれば、誰かがチャンスを運んできてくれる。

努力を重ねていれば、きっとチャンスをものにできる。

運と努力はいつもセットなのだと、僕もおふくろから教わったような気がします。

常時40人ほどはいたという、竹沢一座の娘歌舞伎。

今で言えば、さながらAKB48のような少女の大所帯が、西へ東へと、大きな舞台道具と衣裳の荷物を持って旅を続けているようなイメージです。今と違って、新幹線も飛行機もなければ、もちろんスマホもない。まだ親に甘えたい、思春期あたりの年頃の子達が、お金のために、家族と断絶した状態で旅芝居を続けていく。当然、少女達の胸には様々な想いが去来していたはずです。

月に一度は、全員が集まって、困っていることや悩みを打ち明け合う時間が設けられていましたが、この席でうっかりと本心を吐露《とろ》したり、いじめや嫌がらせをされたことを告白しようものならば、後から姉さん達に、どんなしっぺ返しをされるかわかったものではありません。龍千代は一切本音を言うことはせず、いつもにこにこ笑っていたといいます。どんな嫌がらせを受けようが、私が姉さん達を反面教師にしよう。私が上の立場になったら、できるだけ風通しのいい先輩後輩関係を作って、せめて後輩には私のような辛い思いはさせないようにしよう。愚痴なんて、犬も食わないんだからと、自分の心にそっと仕舞って、誰にも打ち明けることはなかったそうです。

そんなことを誰かに告白する暇や悩んでいる時間があれば、少しでも長く練習をして、実力と人気を手に入れたほうがいい、と自分に言い聞かせていました。

出る杭は打たれるが、出過ぎた杭は打たれようもない。

時代はちょうど、日中戦争前後のこと。日本中を旅して歩けば、いつかお父さんに会えるかもしれない、という動機もあって竹沢一座に入った龍千代ですが、そんなことも時折忘れてしまうほど、目まぐるしい日々でした。というのも、娘歌舞伎の一団は、兵隊さん達への慰問のため各地の陸軍病院や、朝鮮や満州、台湾、ときにはソ連（現ロシア）にまで巡業に出かけて行っていたのです。

龍千代がもっとも思い出に残ったのは満州でした。

船で朝鮮を経由して平壌《ピョンヤン》まで渡り、平壌からは兵隊さんが率いる馬車に乗って、朝鮮と中国の国境である鴨緑江《おうりょくこう》を越えてはるばる満州平野を渡ったそうです。行けども行けども目的地には着かず、目の前に見えるのは砂漠の荒野。茫漠《ぼうばく》の彼方の禿山には、いつしか夕陽が燃えています。

しかし、馬車から眺めるその夕陽は、いつまでたっても沈むことなく、馬車を見守るようにそこにあります。聞けば、この満州荒野では、遮るものが何もないために3時間も夕陽を眺めることができるのだとか。

なんと広い国なのか、ここは北海道よりも広いのか。龍千代は荒野の彼方に燃える紅い太陽に目を瞠《みは》りました。


「おねえちゃん達、いくらなんでも、3時間も夕陽を見ていたら気が変になっちまうよ。俺が歌を歌ってあげよう」

馬車を走らせていた若い兵隊さんが、少女達のために歌ってくれます。

ここはお国の何百里〜　離れて遠き満州の〜　赤い夕陽に照らされて〜

哀愁こもった歌声を聞くや否や、龍千代の目からは涙が溢れ出てきました。夕陽が沈まないような地の果てにまで来てしまった。私達はここから故郷に帰れるのだろうか。感傷に耽《ふけ》るまま涙を流していると、突然兵隊さんの歌声がやみ、馬車が急停車をします。

「大変だ、襲われる……」

なんと、遠くから裸馬に乗った馬賊たちが龍千代たちの馬車を目指して向かって来るではありませんか。殺される！　……娘たちは皆、生きた心地がしませんでした。あれよあれよという間に、馬賊がすぐ目の前まで追いかけてきました。龍千代も何をしていいものやらわからず、ただ足が震えてきます。おっかさん！　もはやこれまでか。

そのとき、兵隊さんが馬車から飛び降りて、大きな旗を振りました。すると、なぜか馬賊は突然目の前で止まりました。そして、そのままUターンして帰って行く……

一体何が起きているのだろう？　でも、龍千代たちはどうやら死なずに済んだのだとわかり、ホッとして腰が抜けてしまったそうです。

あとから聞くと、それは赤十字の旗だということでした。これを持った者には危害を加えてはならないという国際的な決まりがあったとか。

そしてどうにかこうにか、馬車の一行はハルピンの砂漠のど真ん中にある、満州の駐屯部隊に到着しました。

当然舞台などが設置されているわけがありませんから、テント小屋の中で芝居をしたということです。それでも、「きれいだなあ」「夢のような時間だったよ」「満州の地で三味線の音が聴けたのが嬉しかったよ」と外地での暮らしが長い兵隊さん達はとても喜んでくれて、ひとりの女の子に5人の兵隊さんが付き添って宿まで送り届けてくれたそうです。


こんな遠くの地でも、私達の芝居を楽しみに待っていてくれた人がいる。

私達のやっていることって、本当はすごいことなのかもしれない――この日眺めた大きな夕陽の姿とともに、龍千代にとって満州での公演は一生忘れられない思い出となりました。

役者というものが何を求められ、世の中でどういう役割を与えられているのか、徐々にわかってきた気がしました。

＊＊＊

「どんな土地に行っても、皆さんに喜んでもらえるのが役者の醍醐味《だいごみ》。私達の芝居を待っている人がいるのなら、それが十人であろうが千人であろうが、同じくらい精一杯やらないと。どんなに遠くまで来た苦労も、お客さんの拍手で、一瞬で吹き飛んじゃうんだからね。だからお前も、どんなに小さな劇場だろうと、どんなに少ない客席だろうと、絶対に手を抜いてはいけないよ。天狗になってはいけないよ」

娘歌舞伎時代

第三章

父との再会

強く念じれば、きっと願いは叶う。

しかしそれは、思い描いていたのとは別の形で叶うこともある。

娘歌舞伎に入って全国津々浦々を回れたのなら、きっといつか失踪した父に出会えるに違いない――そんな龍千代の願いが叶ったのは、先の満州からの長旅が終わった昭和8年の9月のことでした。

毎年夏場に行われる北海道巡業での公演、函館から汽車で1時間ほどのところにある町で舞台に立っていたときのこと、旅の疲労も重なっていたのでしょう、高熱を押して龍千代は芝居を続けていたのですが、鉄砲で撃たれて倒れる場面で、本当に倒れてしまい、意識を失ってしまったのです。

次に龍千代が目を覚ましたのは、病院のベッドの中でした。

一度は近くの病院に運ばれたものの、そこで腸チフスであることが判明し、意識不明のまま函館の大きな病院へ運ばれたのだと看護師は言います。腸チフスは今でこそ滅多に聞かなくなりましたが、当時は恐ろしい伝染病であり、日本でも年間4万人あまりが感染し、赤痢と同じくらいの死者を出していたそうです。

函館の病院に運ばれたものの、腸チフスは法定伝染病といって、市内に身元引受人がいないと入院させられない決まりがあったそうですが、その病院の婦長さんが、「私は毎年、娘歌舞伎の公演を楽しみにしているひとりです。この旅役者の娘さんに、すぐに身元引受人が出て来るわけがないじゃないですか。ならば私が引き受けましょう」と言って、龍千代の身元引受人となってくれたおかげで、すぐに隔離《かくり》病棟に入院でき、治療が可能となったそうです。

御贔屓さんに命を助けてもらったようなものです。

しかし、入院しても当時の腸チフスに特効薬があるわけではなく、ただただ、ベッドで絶対安静にしているしか術はありませんでした。40度の高熱はそれから1週間も続き、龍千代の体力を奪っていきました。母のふさが東京から汽車で駆けつけて来たときには、「あと一晩この熱が下がらないようだったら、娘さんの命はもう諦めてください」とまで言われてしまう有り様でした。

しかしふさは、ただ呆然と諦めるような母親ではありません。

当時、腸チフスに効果があるといわれていたユキノシタという薬草を函館中を駆け回って探し出し、その薬草の葉を絞って、意識が朦朧としていた娘に飲ませました。すると、嘘のように熱が下がったといいます。もしかすると、回復期に向かっていたのかもしれませんが、しかし龍千代は、長く離れて暮らしていた母の愛情を強く強く感じずにはいられませんでした。

15歳で母のもとを離れた龍千代は、気がつけばもう二十歳《はたち》になっていました。

龍千代の回復を認めると、退院を待たずにふさは、ほかの子ども達が待つ東京へと戻っていきました。もう少しそばにいてほしかった……母との別れに病床で気落ちした龍千代でしたが、婦長さんにあらためて、当初身元引受人になってくれたことの御礼を言うと、そこで意外な言葉を聞きます。

「ええ、でもその後に、あなたの身元引受人の代理の者だと言って、若い男の人がお見舞に来たんですよ。あなたは意識が朦朧としていたので気がつかなかったと思いますが……」


はて、そんな御贔屓のお客さんが函館にいたかしら？

首を傾げた龍千代ですが、よくよく話を訊いてみれば、どうやらその若い男というのは、かつて父と一緒に駆け落ちした女の、娘の夫らしいのです。

なんと龍千代の父、清五郎はここ函館、五稜郭《ごりょうかく》の近くで長年暮らしているらしいのでした。父も、北海道に住んでいた――。

驚くとともに、少し複雑な気持ちになりました。

というのも、この函館には、娘歌舞伎に入ってから毎年巡業に来ていたのですから。

なぜ、こんな近くに毎年来ていたのに、会うことができなかったのだろう。そう思うと、自分達を捨て、新しい家族と一緒に幸せに暮らしている父親の姿が思い浮かんで、無性に腹が立ってきます。

しかし、なぜその若い男は、龍千代が隔離病棟に入院していることを知ったのか。

事情を知って、龍千代はさらに複雑な想いに駆られました。

東京で絵描きをしている龍千代の兄（長男）が、実はずっと前から清五郎の住所を知っていたのでした。ふさと清五郎はとっくに離婚届けを出していましたが、長男だけは籍を抜かず、父の戸籍に入って清水の姓をずっと名乗っていたために、清五郎の居場所がわかっていたらしい……。

今回、函館で腸チフスにかかった妹を心配し、東京の兄が清五郎に、（もちろん、母のふさには内緒で）「身元引受人になってくれ」と電報を打ったのでした。

なんてことだろう！　私が今まで必死に父の居場所を探していたのに、兄はずっとそれを知っていて黙っていた！　龍千代は、自分だけが何も知らされていなかったのだと、どんどん怒りに似た感情が胸の中で頭をもたげていくのを認めないわけにはいきませんでした。

それに、私の見舞に病院にやってきたのが、父清五郎本人ではなく、義理の娘の婿さんだなんてどういうことか。これはもう、自分のほうから会いに行くしかないわ。
よし、退院したら絶対に会いに行ってやると決めたのです。

そして、龍千代は晴れて退院。
退院したその日から、函館・大国座の舞台に立ちました。「龍千代、退院おめでとう!」「いよっ、待ってました!」「龍ちゃん、頑張れ!」と、会場の方々から、掛け声がかかります。

なんと私は幸せ者なのだろうか。

自分の回復を、こんなにたくさんのお客さんが祝ってくれる。これを役者冥利に尽きると言わずになんと言おうか……。この景色、おっかさんにも見せたかったな。思えば遠くに来てしまった。父を探すためにこの世界に入った私だが、気づけばもう、父を必要としていないのではないのか。もう、父を恋い慕るだけの15歳だった清水千子なんてどこにもいない。

私は、押しも押されもせぬ竹沢一座の花形女優、竹沢龍千代なのだ。

だから、父に会いに行って、もしも父に「お前なんか知らねえ」と冷たくされたって、私はちっとも怖くなんてないんだ。だって私を待ってくれているこんなにたくさんのお客さんがいるんだから！　私の家族は竹沢一座なんだから！　大丈夫。私はもう、傷つかない。母さんからもらったダイヤモンドみたいに、絶対に傷つくものか。

龍千代は、自分でも驚くほど大人になっていました。

函館では、その日から打ち上げの日まで「竹沢龍千代快気祝い興行」と銘打って、毎日が大盤振る舞い。龍千代は初めて自腹で紅白の餅を買い、舞台からお客さんに撒きました。お客さんは競うようにしてそれを奪い合い、大国座はいつも以上の熱気に包まれて、毎晩のように満員御礼札止めが出たと言います。

大盛況の函館公演が終わり、いよいよ明日、函館を発つという日。

龍千代は、父に会いに行きました。一番上等な着物を着て、キツネの襟巻きにシールのコート。薄く頬紅もさしました。町中の誰もが目を引くような、贅沢で美しい大人の女の姿でした。

清五郎は、五稜郭の裏にある魚市場の総取締りをやっているとのことでした。

郡山のお店が倒産し、父に捨てられ、自分は散々な想いをして小樽に渡ってきた。父さんは何処にいるのだろう、東京か、大阪か、それとももっと遠くなのかといつもいつも考えていたのに、まさか同じ北海道にいたなんて……。

市場の中を歩いていると、こんなひそひそ声が聞こえます。

「あの女優さんみたいにきれいな人、どこから来た人だろう。でも、よく見ると清五郎さんにソックリだなあ」

「おう、確かによく似ている。もしかしたら、清五郎さんの隠し子でねえか」

……隠し子という言葉を聞いて、龍千代は怒りで顔がさあっと赤くなるのを堪え、聞こえないふりをして魚市場の小道を歩きました。

「ごめんください」

事務所の前で声をかけると、そこにいたのは、少し痩せて年老いた、しかしまぎれもない父の清五郎でした。

その隣には、長年連れ添った女将さん然として振る舞う女。そして娘夫婦らしきふたり……そうとはわかってはいたものの、自分がお呼びでないことを瞬時に悟った龍千代でした。清五郎はギョッと目を丸くしたのち、実の娘の姿を確認すると、なんともバツの悪そうな顔をして下を向いてしまいました。まるで化け物でも見るようにして龍千代を眺めるその家族……。

清五郎にはもう、昔のような、三つの戦争を経験し、二〇三高地を生き抜いた伝説の騎兵だったという豪快さも、快活さも見当たりませんでした。これが、あの日から何年も、どこに行っても夢にまで見続けた父との再会なのであろうか。

少し声が震えましたが、龍千代は淀みなく言いました。まるで舞台の上にでもいるようにして。

「わたくし、娘歌舞伎竹沢一座の役者、竹沢龍千代と申します。このたびは私事にて大変なご迷惑をおかけいたしました。病院までお見舞に来てくださったそうでありがとうございます。この通りすっかり元気になりました」

「まあ、まあ、それはご丁寧に……」

気まずい雰囲気の中、そう言って娘夫婦は事務所を出て行きました。

清五郎は、精一杯自分の居場所を探そうとするように、帳簿を開いたり閉じたりしています。そそくさと、女将がお茶を淹れてきました。そして遠慮のない目線で、じろじろと上から下まで龍千代を眺めます。

「わざわざすみませんね。ええと、ちねさん、だったかしらね？　大きくなったわねえ。それにしても大したものだねえ。うちの娘と歳が変わらないっていうのにさ、なんていい着物を着てるんだろ、高そうな襟巻きねえ。それに、なんてまあ大きなダイヤの指輪だこと。それさあ、本物のダイヤなの？　まあ。初めて見るわ。私達とはえらい違いだわねえ、あなた、うらやましいこと」

そう言って、ため息さえこぼすのです。最初は優雅に振る舞って見せた龍千代でしたが、もうここまでくると、我慢ができません。この女は父を奪っておいて何を言っているのだろう？　このダイヤが、どれだけ私達の涙を見てきたか。あまりの身勝手な言い分にカッと頭に血が上ります。

「冗談言っちゃ困りますよ。あんたはね、福島で私達から父さんを奪って一緒に逃げたんでしょう？　それで父さんは私達を捨てて、血のつながらないあなたの娘さんを育ててきたんでしょう？　捨てられた私達がその後、どんな思いで生きてきたのか、おわかりですか？」

清五郎は相変わらず下を向いたままです。龍千代は長年堪えていた気持ちを、もう止めることはできませんでした。

「おわかりじゃないでしょうね。わかるものですか……本当の子ども達をぼろ雑巾みたいに捨てて、他人の娘を育てるような父親を持つとね、こんなふうに、しっかり自分で生きるしかないんですよ。自分でごはんを食べるしかないの。私は自分の力でここまできたんです。男の人に頼らずにね。それを、あなたに、あなたなんかにうらやましいとか、えらい違いだなんて言われる筋合いはありません」

「わかった、ちね、もう勘弁してくれ、頼むよ」

絞り出すような声で清五郎はそう言い、龍千代に頭を下げました。

その後頭部は薄くなり白髪が増えて、小刻みに震える肩はとても小さく見えました。ああ、家族みんなで何不自由なく過ごしていたあの頃から、本当に遠くまできてしまった——もっとたくさん、父に言いたいこと、聞いてほしかったことがあったはずですが、龍千代は、それ以上は何も言えずに言葉を呑み込みました。お父さんを探すために、自分が娘歌舞伎の役者になったことも。

「龍千代、おかえり。どうだった？　お父さんとの再会は」

「はい、おかげさまで久しぶりに父と親子水入らずで話すことができました。これでもう何も悔いはございません。ありがとうございます」

「そうか、それはよかったなあ。念願のお父さんに会えたんだもんなあ」

師匠の龍造は、我が事のように喜んでくれました。

そしてその夜、何事もなかったように宿で旅支度をしていると、「龍千代さん、お客さんですよ、清水さんという人」と呼ばれました。その瞬間、龍千代はぱっと心に灯がついたようでした。お父さんに違いない。ああやっぱり、お父さんも悔いがあったのだ。あのままでは終われなかったんだ、もっともっと私のことを聞きたいんだ、さて、何から、どこから私は話そうか。お父さんが構わないなら、朝まで喋っていたっていいわ……喜び勇んで玄関に向かうと、戸口に立っていたのは父ではなく、あの女でした。

　龍千代が呆然としていると、女は言いにくそうに切り出しました。

「さっきはどうも。あの悪いんだけど、500円ほど借りてもいいかしら」

　怒りを通り越し、龍千代は呆れるしかありませんでした。ちなみに、当時の500円は今の80~90万円くらいの金額になります。

　父親を奪っておいて、今度はお金まで無心しようとする女。よくもそんなことが言えたもんだと思う一方、やはり、父の仕事はあまりうまくいっていないのかしら、と案じる娘心もありました。

「かまいませんよ。でもこのお金は、お父さんじゃなくて、おばさん、あなたに貸してあげるのよ。いいえ、貸すんじゃないわ。くれてあげますよ！」

　龍千代は、優雅に微笑みながらそのお金を女に渡したそうです。

女は、慇懃無礼《いんぎんぶれい》に挨拶をするとその金を胸に仕舞い、そそくさと踵を返し、早足で去っていきます。

その後ろ姿を見て、何かが終わったのだと龍千代は悟りました。

でも、お金をあげたことで、今まで苦しかったであろう母の無念も一緒にスーッと晴らせたような気持ちになったから不思議だった、と龍千代はのちに笑って言っていました。

＊＊＊

「顔で笑って、心で泣いて」

これは、龍千代が母ふさから教わったことでもありました。

女たるもの、女だからこそ、悲しいときに顔に出してはいけない。悲しいときこそ、にっこり笑え。そうすることでもっと強くなれるのだから、と。そしてこの言葉は、おふくろから僕にもしっかり伝わりました。

第四章

師匠の死と、龍千代の結婚

いちばんの目的であった父との再会を果たした後、龍千代は今までにも増して役者業に励み、竹沢一座においてなくてはならない看板女優となっていきました。

全国津々浦々を回る中で、故郷の青森県藤崎町に公演に行くこともありました。幼い頃の幸せな記憶の中にある藤崎。

あるとき、ふさの母、つまり龍千代の祖母が芝居を観に来てくれたことがありました。その頃にはもう、優しかった祖父は亡くなっていましたし、旅役者になるなんて我が家に泥を塗るのかと、一座に入門するときにふさから言われていたこともあって、青森で巡業がある時も、龍千代は自分から母の実家を訪ねようとは思いませんでした。

だから、祖母がわざわざ公演を見に来てくれたことは、龍千代にとって、何かを許されたような気持ちになり嬉しさも格別でした。祖母は津軽藩の家老の血を引くお嬢様。武家の血を何より大切に生きてきた人です。武家の人間にとってみれば、当時の役者など、まったく下層の世界だと思われていたのでしょう。

幕が下りたあと、祖母は楽屋を訪ねてきてくれました。

「ちねさん、あなた、本当にお役者さんになられたのねえ」

「……はい」

この恥さらし、と言われるのかと思い龍千代は身構えました。しかし祖母はにこにこと立派に成長した孫娘を見つめます。

「立派になったこと。そういうお仕事をしていると、あなた、いろんな人とお会いになるのでしょう？　どなたと会っても失礼のないように、天皇陛下さんからお乞食さんに至るまでお付き合いができるような、幅の広い教養を身につけなければなりませんね」

「はい」

天皇陛下からお乞食さん——そのとき龍千代は、嬉しさのあまり祖母が言ってくれた言葉の意味を深く考えようとはしませんでしたが、後になって理解したのだと言います。

＊＊＊

「芝居というのは、万人のものである。いつ、どんな人が観に来てくださるかはわからない。役者というのは、どこで誰に見られ、どこでどういうお付き合いがあるかはわからない。だからこそ、いつ、どこで、どんな人にも失礼のないように接することのできる人間にならなければならない」

祖母が龍千代に伝えたこの教えも、その後、僕達にも受け継がれました。

芝居というのは、同じ客席に座れば金持ちも貧乏人も、偉い人も罪人も関係ない。だから、誰にでも届く芝居をしなければならない。劇場の中に身分差別は存在しないのだ。そのために役者には幅の広い教養が必要であり、誰に対しても偏見を持たず、同じように謙虚にそして優雅に振る舞う必要がある。広い世界を知ることで、幅広い芝居ができるようになる。

これは役者に限ったことではありません。金や肩書にばかり目がいき、人によってころころと態度を変える奴は、さもしいです。結局相手を利用することしか考えていないからです。そういう奴は、どんな職業であっても決して一流にはなれません。

龍千代は、この祖母の言葉を忠実に守りました。どこでどんな人とお付き合いがあるかわからない。どんな人にも失礼のないように接することのできる人間にならねばならない——所作に挨拶に、食事の作法に、会話の仕方。今まで以上に龍千代は役者としてだけではなく、自分自身を磨くことに励みました。

そして龍千代が22歳になった昭和10年の春。竹沢一座の座長である師匠の龍造が亡くなりました。

仙台での興行中、風呂上がりに倒れて、そのまま帰らぬ人となったのです。脳溢血でした。あまりにも突然の出来事でした。

ただ踊りが大好きなだけの、15歳のお転婆盛りの千子を引き受けてくれ、思わぬ事故があったとはいえ、たった半月で舞台に上げさせ、その後は厳しく稽古をつけて看板女優にまで育ててくれた、父親以上に父親だった人。

龍造は、龍千代のことをこんなふうに書き留めていました。

〈龍千代は、女にしては惜しいもの。もしも男に生まれていたら、さしづめ松本幸四郎〉。

この言葉が、どれほど龍千代に勇気を与えたかわかりません。一生芝居を続けなさい、と言われたような気がしていました。

人というのは、いつどうなるかわからない。誰もが明日どうなるのかわからぬ運命ならば、今日という日を精一杯悔いなく生きるしかない。

龍千代は、人の命のはかなさを前に立ち尽くしていました。

この年、世間ではあのヒトラーがナチス・ドイツを再軍備し国連を脱退、日本が国号を「大日本帝国」に統一するなど、景気は相変わらず好調なものの、少しずつ不穏な空気が漂い始めた頃でもありました。

漠然とした不安が漂う中での、一座の大黒柱の死でした。

それでも、幕を上げるしかないのです。お客さんは、明日の公演を数ヵ月も前から心待ちにしてくれているのです。どんな事情があっても幕は開くもの。開けるもの。それを教えてくれたのが、ほかならぬ師匠の龍造でした。

龍千代をはじめ、一座は悲しみにくれる時間もないまま次の公演の稽古を続けました。三味線弾きだった師匠の奥さんは、一座に混乱を来さないように、すぐに三代目竹沢龍造を継ぎました。しかし、行く末が不安になったのか、師匠の死をきっかけに何人もの娘役者たちが一座を離れてしまいました。龍千代姉さんも早くここを離れたほうがいいわよ、と助言してくれる娘もいましたが、ここまでお世話になった一座の窮地というときに、看板役者の自分がどうして見捨てることができましょうか。

恩返しは、その人が亡くなってからでもできる。

龍千代は師匠の恩を今こそ返そうと、さらに芸に磨きをかけ、竹沢一座の人気を落とさぬように必死でした。

そして昭和12年のこと。そろそろ戦争が始まるんじゃないかという噂も立ち始めていましたが、まだまだ時代は好景気で、全国の至るところに劇場が作られ、「第一期大衆演劇黄金期」とも言われていました。今と違ってテレビがない時代ですから、人々はこぞって劇場に足を運んだのです。

この年は、龍千代にとって忘れられない年となりました。

以前より、龍千代をとても可愛がってくれていた女相撲一座の座長さんに薦められ、言われるがままにお見合いをしたのでした。

女相撲とは、若い女性がちょんまげをつけて相撲を取る、江戸時代からの興行でした。娘歌舞伎の竹沢一座同様、こちらは50人ものちょんまげ姿の女関取達が全国を回っており、大変な人気がありました。もっとも肉襦袢《にくじゅばん》と猿股《さるまた》をつけての取り組みだったようですが、その闘志たるや男顔負けで、これが現在の女子プロレスの原点であるという見方もあります。

以前、竹沢一座が仙台で公演をしていたときのこと。たまたまこの女相撲の女座長である平井遠奏《ひらいえんそう》さんが龍千代を見つけたのだそうです。公演が終わるなり楽屋に来たかと思えば、「亡くなった娘に瓜二つだ。私の養女になってくれないか」と出し抜けにお願いされたのが、二人の出会いのきっかけでした。死んだ娘に瓜二つだと言われれば、無下《むげ》に断ることもできません。

「まあ、ありがとうございます。私にはまだ母も兄姉も元気でいることですから、養女にと言われましても私の一存で決めることはできません。でも、それほど貴方様のお嬢様に似ているというのなら、これも何かの御縁でしょう。養女になることはできませんが、今日から、役者・竹沢龍千代としての母になってください。母と呼ばせていただきます」

それ以来、平井遠奏さんは龍千代を実の娘のように可愛がり、何かと連絡を取り合い、近くで公演をしているときは互いに行き来して、食事をする仲となったのでした。いつしか「平井のお母さん」「龍千代」と呼び合うようになりました。

平井のお母さんは、ちょんまげ姿の、そのあたりの男より体の大きな女性でした。体だけでなく、その存在感もたいへん大きく、当時の興行の世界では知らない人がいないほど大きな力を持っており、いろいろな旅一座の面倒も見ていた、ゴッドマザー的な立場だったようです。ふだんはとても優しいのですが、ちょっと変わった性格で、一度怒ると感情が決壊してしまい、手がつけられないほどの癇癪《かんしゃく》を起こすことでも知られていました。

大きな山が地鳴りで震えるようにして、癇癪が止まらずに周囲の者を怖がらせていました。

しかし、龍千代がなだめに行くと、なぜか不思議と地鳴りがすっと収まるのです。心底、娘だと思っていたのでしょう。だから事あるごとに龍千代は、電報で平井のお母さんに呼ばれていたのです。

その日、龍千代は広島での公演中に、島根で公演中だった遠奏さんから「スグオイデコウ」という電報で呼び出されました。

ああ、また平井のお母さんが癇癪を起こしたらしい——広島から島根まで当時汽車で行くのはかなりの距離ですが、嫌とは言えない龍千代でした。

しかしその日は、なぜかいつものように芝居小屋ではなく、料亭に来いと電報に書いてあります。料亭に出かけると、ちょんまげをした女関取がずらりと並んで、呑めや歌えの大宴会を開いていました。

平井のお母さんはその真ん中にでんと胡坐《あぐら》をかいていて、戸惑っている龍千代を見つけるなり、「おう、やっと来たか！　こっちへ来い！」と満面の笑みで迎えられました。

お母さん、いつもと違うわ——わけもわからず席に着くと、龍千代の目の前に座っていたのは、女関取ではなく本物の男の人でした。

それも、ちょっと驚いてしまうような二枚目です。彼こそが、当時の大衆演劇で一番人気を誇っていた剣劇一座の座長であり花形、市川梅三郎《いちかわうめさぶろう》だったのです。

はて。龍千代はなぜ自分がこの場に呼ばれたのかさっぱりわからぬままで、華やかな宴会が終わりました。

「母さん、私、わざわざ広島から来たんですよ。明日の昼も公演があるの。忙しいのよ。用事がないのなら、こんな遠くまで呼ばないでくださいな」

しかし平井のお母さんは、笑みを絶やさぬままこう尋ねます。

「さっきの座長、いい男だったねえ。龍千代はどう思う？」

「えっ？　どう思うって？」

「あんた、勘が鈍いねえ。どう思うって聞かれたときにはね、男としてどう思うかってことさ。あんたとお似合いだよ」

　ここで初めて、龍千代は〝お見合い〟をさせられていたことに気がついたのです。顔が赤くなります。

「わ、私、結婚なんて考えていませんから」

「ほうそうかい、いい話なのにねえ。勿体ないねえ」

　市川梅三郎は、九州男児。福岡近くの漁村で明治42年に生まれました。母親は、梅三郎が物心つく前に亡くなったそうです。

　亡き母の代わりに育ててくれた祖母が大の芝居好きであったため、小さい頃から祖母に連れられて八幡の芝居を観に行くようになりました。当時近代日本を牽引していた八幡製鉄所界隈には、大劇場が４軒も建てられ、毎晩数々の芝居が行われて賑わっていたといいます。

　そして15歳のとき、たまたま観た成田屋一座の芝居に惚れ込んでしまい、就職を約束されていた製鉄所を断って、当時、大スターであった成田屋梅昇という役者に弟子入り志願をしたそうです。

梅三郎の父親は再婚しており、継母との折り合いが悪く、家に居づらかったという背景もあったようです。押しかけるようにして梅昇の3番目の弟子となった梅三郎は、誰もが目を惹く顔立ち、そして好きこそ物の上手なれで、ズブの素人だったのにどんどん上達し、2年目には初舞台を踏み、あれよあれよという間に花形役者になっていったのです。

その一方、旅の一座というのはとても封建的なところがあって、座長が一番偉くなければいけないのに、その座長よりも下っ端のほうが芝居が上手い、二枚目、人気も出るとなれば、座長の力が弱くなってしまい、一座の統制が取れなくなってしまう。そこで梅昇師匠は、ちょうど座長が病気で倒れてしまい困っていた知り合いの劇団に、座長として梅三郎を送り込んだのだそうです。

こうして若くして一座の座長についた梅三郎。大好きな剣劇一筋で九州や山陰地方を地盤としてドサ回りを続けていると、二枚目の噂はまたたく間に広がり、やがてどこへ行っても満員御礼の札が立つほどの人気となったのです。

〈芸を見るなら梅三郎　顔を見るなら梅三郎　芝居見るなら梅三郎〉という唄が作られたほどで、3歳の子どもさえ、ポスターを見て「梅チャマが来る、梅チャマが来る」と言うほどだったとか。

他にも、当時の梅三郎の人気を物語るエピソードがあります。

福島に、新開座という大きな劇場がありました。東京の明治座くらいの広さの劇場です。あまりに大きくて、あの大スター、長谷川一夫さんが（当時はまだ林長二郎と名乗っていたそうですが）公演をしても新開座を満員御礼にはできなかった。ところが、梅三郎が公演をする日には、入りきれないほどのお客さんが長蛇の列を作ったと言います。そして、無理にお客さんを2階席に詰め込んだため、2階の客席が落下するという事故が起きたというのです。

人気旅役者同士、龍千代が24歳、梅三郎が28歳。運命の出会いでした。

しかし龍千代同様、当初は梅三郎も縁談には乗り気ではありませんでした。お見合いの宴が終わり、龍千代が店を出た後で、「私も天下の市川梅三郎です。芸は売っても心は売りません」と断ったそうです。

しかし、そのことがかえって平井のお母さんの心に火をつけました。

これはなかなか見どころのある男じゃないか、何がなんでも私の力で二人を一緒にしてやると、俄然やる気を出し始めました。花形スターのふたりが結婚したら、どんなにすごい子が生まれるだろう！　きっとすごい役者が育つに違いない！

あるときのこと。平井のお母さんは、梅三郎を龍千代の舞台へと連れて来ました。梅三郎にとっては初めて見る娘歌舞伎でした。剣劇とは何もかもが違う世界。とても美しく面白い。なんと言っても、男役の龍千代の演技に圧倒されたようでした。自分にはないものを龍千代さんは持っている――その場でころっと気持ちは変わり、「この縁談、平井さんにお任せします」と言い出したというのですから、作戦勝ちです。そのことを、龍千代は平井のお母さんからの手紙で知りました。

あの天下の市川梅三郎が自分の芸を認めてくれた！　これが恋心なのかどうかはわかりません。自分があの人のお嫁さんになるかどうかもわかりません。しかし、あの人が自分の芸を認めてくれた！　龍千代はそれがたまらなく嬉しかったそうです。

それからほどなくして、龍千代は、亡くなった龍造の妻、三代目の竹沢一座の座長から話があると呼ばれました。

「先々のことを考えて、私はね、この一座から身を引いて何かほかに商売をしようと思うんだよ。竹沢一座は私の弟が引き継ぐから、引き続きよろしく頼むわ」

「そんな……あの人は、芝居の事に関心のない方じゃないですか」

奥さんの弟は、もともと芝居が好きなわけでもなんでもなく、龍造が亡くなってから、交渉や事務を取り仕切るために一座に入ってきた人。劇場とのお金の交渉事だけは、女相手だと足元を見られて値踏みされることもあり、男の人が前面に立ったほうが安心だったのです。

しかし、この弟は娘歌舞伎に対しての思い入れはないようでした。しかも女癖の悪い人で、どうしてもついて行く気にはなれなかった。今まで、龍造師匠への恩返しのつもりで頑張ってきましたが、その奥さんさえ一座からいなくなるのなら、もう、ここにいる意味もありますまい――。龍千代の心は決まりました。

「そうであれば、私、これを機会に竹沢一座を辞めさせていただきます」

「なんだい、急にどうしたっていうの？」

「私、結婚することになったんです」

「なんだって!?　いつそんな人ができたんだい？　おまえに恋人が？」

「いいえ、恋人というわけではないですが……結婚を考えているんです」

とっさに唇から出た言葉に、龍千代自身がびっくりしていました。

一体いつ私は決心していたのだろう。不思議なこそばゆさが心の奥に宿りました。

たった一度しかちゃんと会っていないはずの、梅三郎の面影が蘇ってきます。

あの人のもとに私は嫁ぐのだろうか。

あの人は私のこと、本当に迎えてくれるのだろうか。

でも、言ってしまったものは仕方がない。嫌いな人を座長にして娘歌舞伎を続けていくよりも、もし梅三郎さんがいいと言うのなら、剣劇の世界に飛び込んで、歌舞伎のよさを紹介するのも悪くない。ふたつの世界が混ざり合って、何か新しい舞台が生まれるのではないか。こうなったら、平井のお母さんに、この縁談をちゃんと進めてもらうようにお願いしよう――こうしてなんとなく、娘歌舞伎の花形女優と剣劇の花形役者の婚約は成立したのでした。

そうは決めても、それぞれ旅芸人一座を背負った人気者同士の結婚、トントン拍子で事が運ぶわけもありません。龍造の妻がすぐに一座を辞められるわけでもなく、相変わらず公演予定は先々まで決まっていました。そして案の定、周囲や御贔屓さんは龍千代の結婚に猛反対です。その反対理由のひとつには、ふたりがやっている芝居の格差がありました。当時、娘歌舞伎の木戸銭は100円。剣劇は10円でした。娘歌舞伎の人達は、剣劇のことを揶揄《やゆ》して十円芝居と呼んでいました。

「わざわざ十円芝居のところに嫁に行くことはないじゃないか、剣劇一座なんていうのは、泊まる宿もなくてずっと楽屋暮らしだぜ。そんな生活、花形女優の龍千代に耐えられるわけがないだろう、もっといい縁談を紹介してやるよ」

本気でそう言ってくる御贔屓さんもいました。梅三郎のほうもそれは同じでした。

「天下の梅三郎なら、日本中のどんないい女だって選び放題だろう。それなのに、何もそんなエラそうな女優を貰わなくてもいいじゃないか、しかもその女は男役なんだろう？　どうせ剣劇なんか馬鹿にしているに決まっているよ」

「ええ、まあ。でも、すごい役者なんですよ」

梅三郎も龍千代と思っていることは同じでした。これは恋愛結婚ではない。ただ、俺達二人が一緒になったら、きっと新しい舞台ができる。そして、素晴らしい子どもが生まれるかもしれない……と。

そんなこんなで、婚約をしたもののちっとも話が前に進まないまま、かれこれ1年が過ぎました。梅三郎からは何の相談も来やしません。そりゃそうだ。あれだけの二枚目、女に不自由はしていないだろう。龍千代はもう、結婚はないだろうと諦めていたとき、二人の運命は思わぬ形で動き出すこととなりました。広島で公演をしているときのこと。不意に梅三郎が楽屋を訪ねてきたのです。すっかり諦めていた龍千代ですから、これには驚くやら、嬉しいやら……。

「龍千代さん、御無沙汰しています。実は、私、お国のために出征することになりました。満州事変が起きてから、弟二人は出征しました。そしていよいよ、私のところにも赤紙が来ました。その前に、入籍だけでもとお願いに来たのです」

「そんな、急に言われましても困ります。あなたから何も連絡がなかったから、私はもうとっくに流れた話だとばかり思っていたんですよ」

「ええ、すみません。いろいろ反対の声もありまして。それはあなたも同じだったと思います。あなたのお気持ちもわかりますが、そこを何とか。私の両親はもう、この世にいません。私が出征すれば、八幡にいる妹がたったひとりになってしまいます。私も弟も、生きて帰れる保証はない。私が戦場で死んでも、入籍をしておけばお国から貴方に多少の補償金も出るでしょう。そして、妹の力になってやってほしいのです。あなたが妻ならば私も安心して、戦地に赴くことができるというものです」

そんな理由でこの人は私に入籍を頼みに来たのか。ロマンスの欠片もありゃしない。龍千代は婚約者が間もなく出征するという事実に途方に暮れもしましたが、妹想いの梅三郎の言葉を拒否する気にはなれませんでした。そこまで頼られたのならイヤとは言えません。私に頼んで来るなんて、この人は本当に困っているんだ。入籍することで安心してお国のために戦争に行けるなら、私には断る理由なんてない。

「わかりました。いいですよ」

龍千代は承諾しました。しかし、龍造師匠の奥さんはここぞとばかりに梅三郎に嫌味を言います。

「龍千代はうちの花形なんですよ。うちにとっては大損失です。それに、剣劇なんかで、この娘を幸せにできるんですかねえ」

あきらかに、剣劇を自分たちより下に見ている言い方でした。しかし天下の人気役者、梅三郎は奥さんに目くじらを立てることなく、二枚目の顔を崩さずに冷静にこう言いました。

「幸せにするとかしないとか、それは二人が一緒になってみて、力を合わせてやってみて初めて言えることじゃあないですかね。だから私は、今ここでは龍千代さんを幸せにします、とは言いませんよ」

なんて正直な人なのだろう。あまりに素直で素朴なその梅三郎の言葉に、龍千代はなぜだかちょっと嬉しくなりました。こうして、二人は入籍しました。入籍を約束したこの日が最後の別れになるかもしれないというのに、龍千代の心は弾んでいました。

それから1ヵ月ほどが経ったある日のこと。九州・八幡で娘歌舞伎の公演があったときに、見知らぬ女性が龍千代の楽屋に訪れました。

「姉さん、お客様」

「あら、どなた？」

「池田千代子さんという方よ」

はて。そんな名前の御贔屓さんがいたかしら？　心あたりのないまま楽屋に通すとまだ16歳くらいの可愛らしい娘さんがやってきました。その女性は、市川梅三郎の妹だと言います。どこか面影がありました。

「兄は無事に出征いたしました。兄より、娘歌舞伎の竹沢一座が八幡に来たなら龍千代さんを訪ねなさい。お前の姉さんになる人だから、と言われました。私は今、電話局で交換手をしています」

「そう、出征したの……どちらへ？」

「さあ。それは私にはわかりません」

夫となった梅三郎がいつ出征したのかも知らぬ龍千代でしたが、その日、千代子を誘い、外で食事をし、楽屋で一泊させました。千代子はとてもいい娘で、まるで初対面とは思えないほどにお喋りに花が咲きました。入籍しておいてよかったのだ、と龍千代は改めて思いました。今どこの空の下にいるかもわからない梅三郎に向かって、安心してください、実の妹だと思ってこの娘は私が守りますから、と呟いていました。

どうなることかと思いながら入籍だけ済ませた二人。もう二度と会わないかもしれないというのに、昔の男と女というのは、今の人では考えられないほど、肝が据わっていたと思います。

梅三郎はそれから1年半後、戦地から帰ってきました。

昭和13年のことです。

出征してから1年半、どこでどんな戦いをしていたのか、一切口にすることはありませんでした。それまで自分が本当にお嫁に行くのかどうか半信半疑だった龍千代も、これでやっと、梅三郎のもとに嫁ぐのだと、準備を始めることになります。


そこで、東京の新橋演舞場での興行があったとき、東京に住んでいる母と画家をしていた兄に、正式に結婚の報告をすることとしました。ちなみに新橋演舞場の柿落《こけらおと》しは大正14年。3階建てで客席が1700もある、それは立派な劇場でした。しかし、昭和20年の東京大空襲で一度焼失。龍千代は、焼失前の新橋演舞場に立っていたことになります。

突然の結婚の報告に、母のふさは眉をひそめました。

「ちね、あなた、自分が何を言っているのかわかっているのかい？　ここまで一生懸命努力して、娘歌舞伎で押しも押されもせぬ花形役者になったあなたが、なんでわざわざその人気を捨ててさ、ドサ回りの剣劇旅一座の女将さんをやらなければならないっていうの？　紹介する仲人さんも仲人さんなら、あなたもあなたですよ。そんな結婚話、よくも首を縦に振ったもんだ。その梅三郎さんていう人がよっぽどいい男なのかい？　へえ、そう。それでもよく考えたほうがいい。あなたが、ドサ回りなんて恥ずかしい……私は嫌ですよ、娘にそんなことをさせるのは」

娘歌舞伎に入ったときも、この恥さらし者と勘当同然の別れでしたが、母はあの時のことは忘れてしまったのだろうか。私のことを心配してくれる気持ちはありがたいが、娘の人生の大きな決断を、母は再び、喜んではくれない。一度くらい、娘を信用してくれてもいいのではないか……。

「わかっています。でも、実は1年半も前に入籍は済ませているのです。今さら約束を反故にはできません。お嫁に行ったら、お母さん以外の親戚には二度と顔も名前も出しません。だから、結婚をお許しください、お願いいたします」

ふさはしばし不服そうな表情を浮かべていましたが、黙って頷いてくれました。

そして、ふさが眠った後で、兄は龍千代にこう尋ねました。

「ちね、母さんはね、ちねが憎くて反対しているんじゃないんだよ。役者さんというのは、女の出入りが激しいものなんだろう？　しかも市川梅三郎というのは、当代一の二枚目役者だという噂じゃないか。結婚したからといって、まわりの女が放っておくわけないだろう。お前、それでも耐えられるのかい？」

龍千代は、はっとしました。

今まで芝居一筋で、一度も恋愛経験のない自分には、夫の不貞など想像だにしなかったのです。そのとき不意に父の清五郎の顔が浮かびました。母や兄はただ、意地悪や世間体が理由で結婚を反対しているのではないと気がつきました。

「いいか、お前が好きで一緒になるんだから、何があっても耐えられるかもしれない。

だけど、生まれてくる子どもたちは本当に幸せなのか？　俺たちのように捨てられて、可哀そうな目に遭うくらいなら、子どもは作っちゃいけないんだよ。お前は子どもの頃のことを忘れたっていうのかい？」

「兄さん、わからないわ。耐えられるかどうかなんて、今はわからない。でも、梅三郎さんは竹沢一座の座長に向かってこう言ったんです。〝幸せにするとかしないとか、それは二人が一緒になってみて、力を合わせてやってみて、初めて言えることじゃあないですか〟って。その言葉を聞いた時ね、なんてこの人は、正直でいい人なんだろうと思ったのよ。いい？　女の幸せは男から与えられるものなんかじゃないのよ。もうそんな時代ではないと思うわ。今は〝銃後の女〟という言葉だってあるし。明日をも知れぬこんな時代だからこそ、幸せは二人で一緒になって、力を合わせて作っていくものだと思うの。だから私、自分の子どもには絶対に私たちのような辛い思いはさせない。私はそんなに弱い女じゃないのよ」

「ちね、お前さん、強くなったんだねえ。それだけの覚悟ができているんなら、もう俺は反対しない。陰ながら応援するよ」

こうして兄も、龍千代の想いを理解して結婚を許してくれました。

昭和14年の年の始め、娘歌舞伎の引退興行を華々しく勤め終えた龍千代は、晴れて市川梅三郎一座に嫁ぎます。お嫁入りまでは、龍千代が竹沢一座で教わったことをすべて、後を託す役者さん達に教えて過ごす日々でした。辛くも楽しかった青春時代が終わったのだと、龍千代は感じていました。

戦争の足音はますます大きく鳴り響いていました。

戦争に備えて、金製品や宝石の回収の強制買い上げに日本政府が踏み切ったのがこの年の2月。結婚指輪だ、嫁入り道具だなどと浮いた話をしただけで、周囲から咎められる時勢です。2、3年前には当たり前の暮らしがもはや当たり前ではなく、許されていたことが許されない、派手なことをやれば非国民だと指をさされる時代にいつしかなっていました。

でも、派手で華やかなことが一切できないことが、私の結婚に相応しい。だって私は、ふわふわ浮いた気持ちで嫁ぐわけじゃないのだから、と龍千代は思いました。私にとって梅三郎さんとの結婚は、惚れたはれたじゃない。役者としての賭けである。剣劇と歌舞伎が一緒になって、どれだけ大きな花を咲かすことができるのか、新たな舞台、新たな自分の世界を築き上げるための、未知なる挑戦なのだ。派手な嫁入り道具は一切持たずに、先方への土産と舞台衣裳、そして、ふさから昔もらったダイヤの指輪をそっと胸元にしのばせて、龍千代は、竹沢一座に別れを告げました。

梅三郎が30歳、龍千代が26歳。大戦が目の前に迫った年の、小春日和のことでした。

嫁ぐ前の龍千代

第五章

郷に入れば、郷に従え

歌舞伎出の女優が、剣劇の花形役者、市川梅三郎の嫁に？

龍千代は龍千代で、結婚に漕ぎつけるまでに紆余曲折ありましたが、一方、梅三郎達の周囲も決して穏やかではありませんでした。先にも書きましたが、梅三郎の一座の人間には、きっと座長のお嫁さんは俺達のことを馬鹿にしてやがる……そんな先入観がつきまとっていたのです。

龍千代もそれは十分理解していましたから、派手な嫁入り道具の代わりに、50人以上もいる座員ひとりひとりに差し上げるため、雪駄や浴衣をおみやげとして何箱もの行李《こうり》に入れて持って行ったと言います。

旅一座にお嫁に行くわけですから、特に決まった家に行くのではありません。そのときの興行先がたまたま瀬戸内海の島だったので、船でひとり、波に揺られてお嫁入りとなりました。

お嫁入りしたのは、一座の幕が上がる1時間前。

楽屋には平井のお母さんから贈られた豪華な夫婦衣裳がかかっていました。

「平井のお母さんたら……」

しかし、感傷に耽る間もなく、梅三郎から声がかかります。

「龍ちん！　早速悪いが、衣裳部屋へ行ってくれ！」

龍ちん？

はじめて呼ばれるあだ名です。夫はいつから、妻をそう呼ぼうと決めていたのでしょうか。旅一座では、舞台に出ない者は、たとえ座長の奥さんであろうが衣裳部屋に下がって準備を手伝うのが決まりなのだと、このとき初めて知りました。花形役者になってからここ何年というもの、自分の着物すら弟子に畳ませていた龍千代です。どうしたものか戸惑っていると、梅三郎のお弟子さんがチクチクと龍千代に嫌味を言います。

「何をぼやぼやしてるんですか！　座長の衣裳の準備と始末は、これからは奥さんの仕事なんですよ。ほらほら、ただ衣裳を畳んでいたらダメですよ。襟の汚れは？　裾には綻《ほころ》びはないかどうか、ちゃんと見ないと。あなたはもう、娘歌舞伎の花形じゃないんだ。座長の奥さんなんだから、座長のために働いてもらわないと！」

「は、はい。よろしくお願いいたします」

梅三郎の妻になると、娘歌舞伎を捨てて私はここに来た。郷に入れば、郷に従え。どんなに過去が華々しくとも、過去は過去。もう引き返すことはできない。

顔で笑って、心で泣いて。どんなに冷たい視線が突き刺さろうが、龍千代は笑顔でやり過ごすしかありませんでした。しかも、この一座は竹沢一座とは違って男衆の多いこと。楽屋のにおいからして、むせかえるように汗臭いし、役者たちの言葉遣いの荒々しさにも、当初は足がすくむ思いでした。

結婚式は、芝居がはねた後に近くの料亭で行われました。

改めて50人あまりのひとりひとりに、龍千代は宜しくお願い致します、と頭を下げました。そして杯を交わし、それぞれが自己紹介をしてお開きに。はたして結婚式なのか、新人歓迎会なのかよくわからない会となりました。

そして、普通ならば夫婦が本当の夫婦となる大切な初夜を迎えるわけですが、梅三郎は少し照れ臭そうにこう言います。

「今夜ぐらいは宿を取ろうかとも思ったが、これから楽屋に寝るようになるのだし、俺の女房になったんだからしきたりに従ってもらうよ」

「……はい」

こういう飾らないところが、龍千代は嫌いではありませんでした。はたして二人は初夜を楽屋の座長部屋で迎えることになりました。慣れない枕と埃くさい蒲団の中で目を覚ますと、横に梅三郎があどけない顔をして眠っている。ああ、私は本当に剣劇一座の一員になったのだと思った朝でした。

そして、どうにかこうにか、市川一座の座長の女将さん生活に慣れてきた頃、「そろそろお前も舞台に立ってみないか」と夫は龍千代に言いました。

「いいのですか！」

「ええ、ぜひお願いしますよ」

芝居のこととなると、夫の顔は隠し、龍千代に敬語を使う梅三郎でした。

それは、役者としていろいろ教えてほしいという梅三郎の敬意の表れだったのでしょう。私はこの言葉を待っていたんだ、お嫁に来てからずっと待っていた……龍千代は喜びいっぱいで承諾しました。そしてその日から、口立て稽古というものに初めて立ち会いました。

この口立て稽古というのは、座長を囲んで役者達が車座になり、みんなで稽古をすることで、現在の梅沢富美男劇団にも脈々とつながっている稽古のやり方です。僕達もそうですが、毎日、公演のたびに演《だ》し物を変えるので、台本というものがないのです。座長の頭の中には、４００、５００ほどの伝承された台本が入っています。もちろん、僕の頭の中にも入っています。その日の場の空気を読んで、「よし、今日はこれをやろう！」と決め、稽古に入るのです。配役もその場で決まります。

龍千代の市川一座での初舞台は、『国定忠治《くにさだちゅうじ》』でした。普段は無口な梅三郎が、テキパキと完璧な口立て稽古をつけていきます。ここでも龍千代は男役を引き受けることになりました。

「よし、始めるぞ。幕が開いた。一場は茶店だ。そこへ仇役《かたき》の親分が入ってくる。この役を龍千代にやってもらう。俺が国定忠治だ。いいな。龍千代がやる親分が二人の手下を連れて下手からやってくる。〝おい、誰もいねえのか〟ここで龍千代が座り込む。そこに〝ただいまあ〟茶店の娘が顔を出して、よろしくお茶を飲む。ここまでいいな？　そこへ忠治の俺が出てくる。親分と俺の視線が絡み合うが、俺はそのまま通り過ぎるから。が、また振り返って茶店を見るからな。そこで龍千代の親分は、〝おい、あいつはひょっとしたら、国定の忠治じゃねえか〟と言う。そこで手下が……」

座長は一度しか説明しませんから、このときばかりはみんな瞬きをするのも忘れて必死に自分の役どころを覚えようとします。

「龍千代、いいな。何かわからないことは？」

「あの、さきほど座長が仰った〝よろしくお茶を飲む〟というのはどういう意味ですか？」

龍千代の質問に、小馬鹿にしたような笑いがドッと起きました。梅三郎が苦々しい顔をします。

「いいか、〝よろしく〟っていうのは、適当に台詞をつないで話を続けるということだよ。よろしくお茶を飲むってところは、たとえば、〝おっ。やけに熱いお茶じゃねえか〟〝あら、すみませんね〟〝娘さんもそろそろ年頃だな。どこかに世話してやろうか〟〝いやだわ、もう〟というような、即興の会話を弾ませてお客さんを喜ばせることなんだよ」

なんだ、歌舞伎やっていたくせに、そんなことも知らねえのかよ、と誰かが背後でぼそぼそ言っているのを聞いて、龍千代は、久しぶりに役者としての闘志が湧いてくるのを感じました。

しかし、ここで龍千代ははたと気がつきます。長期間、娘歌舞伎の舞台には立っていたものの、基本、台詞というものがないのです。義太夫に合わせ、身振り手振りで表現することが〝演じる〟ということでした。文楽人形のように演じていたわけですから、台詞は必要ありませんでした。思えば発声の練習など、一度もしたことがありません。

案の定、龍千代は大きな声が出せず、舞台の後ろの席まで台詞が聞こえないと、「おい、もっと大きな声を出せ！」とお客さんからヤジが飛ぶ始末です。台詞回しも、ついつい、剣劇とは場違いな、長年慣れ親しんだ義太夫調となってしまう。

龍千代は初めて、自分がここではずぶの素人同然であることを悟りました。どうして私、こんなところにお嫁に来てしまったの……。今まで、顔で笑って心で泣いて、と必死に自分の心を押さえ込んできた龍千代でしたが、自分の芝居が通じないことで、心の防波堤が決壊してしまいました。

涙がとめどもなく溢れてきます。

ああ、なんという取り返しのつかないことをしてしまったのか。剣劇と歌舞伎の融合だなんて、できっこないじゃないか……。

やっとの思いで出番を終えると、誰にも気づかれないよう、楽屋の隅で静かに泣きました。その時、舞台からは夫のよく通る美しい声が聞こえてきました。なんと流暢な台詞回しだろう！　決め台詞の後には、割れんばかりの拍手の嵐が起こります。「いよっ、梅サマ」「日本一！」そして、次々と飛び交うおひねりの音。

龍千代はすぐに泣くのをやめました。

負けてなるものか！　なんのために結婚したんだ、私は、夫に負けない役者になるんだ！　泣いていたってしょうがない！　夫だって私と同じ、役者の血を引いて生まれたわけではなく、芝居とは関係ない家庭で育ち、叩き上げから人気役者になった人間だ。負けるわけにはいかないんだ。

不思議なもので、龍千代にとっては、夫に対して燃えるような闘争心を沸かせることが、女として夫に惚れる、ということと同義であったようなのです。

翌日から龍千代は、雑務をしっかりとこなしながら、寝る間も惜しんで、真夜中に剣劇の稽古に励みました。

大きな声が出ないため、しばらくのあいだ、台詞の少ない三下のチョイ役をやることになりました。親分役である梅三郎が「おい！」と呼べば、「へい！　親分、なんでござんしょ」と手をつくだけの役……しかし、このなんでもない役の所作を、一瞬のスキもなく完璧にこなす龍千代に、梅三郎だけでなく座員みんなが感心しました。

さすがは娘歌舞伎の花形だっただけはある、お辞儀ひとつとっても我々にはとても真似できない美しい所作だと。龍千代は6歳から日本舞踊を習い続けていたのですから、所作だけは、18歳から役者修行を始めた梅三郎に負けることはありませんでした。演し物から配役、演出、裏方の割り振りと一座のすべてに采配をふるっていた梅三郎でしたが、そのうちに所作については妻に稽古を仰ぐようになっていきました。

座長が龍千代に、そのときだけは、「ここは、どういう所作をつければいいですかね。教えてください。お願いします」と手をついてきちんと頭を下げる。

それを見ていた座員たちも、いつしか龍千代に尊敬の念を持つようになっていき、意地悪されることもなくなっていったと言います。龍千代はどんなに忙しいときでも嫌な顔一つせずに、丁寧に所作を教えていきました。

それでも心を開こうとしない座員には積極的に龍千代から声をかけ、衣裳が汚れていたら替えを与え、ときには自分が持ってきた衣裳をあげることもありました。相手が心を開いてくれないからといって、自分も心を閉じるのではなく、心を開いてくれるまでいつも笑って親切でいよう。女将さんとしての龍千代のやり方で、徐々に一座の空気が変わっていきます。

「いちいちそんなことしてたらさ、龍ちゃんの着物がなくなっちまうだろう」

そう言う梅三郎も、どこか嬉しそうでした。

しかしプライベートはと言えば、相変わらず言葉少ない夫だったようです。まだ新婚だというのに、芝居がはねれば、妻を放っておいて御贔屓さんと飲みに行ってしまう、時にはきれいな芸者さんが艶っぽい声を出して楽屋まで迎えに来ることも……それでも嫌な顔は見せず、夫の雪駄を揃えて、行ってらっしゃいとにこやかに送り出す日々。甘い新婚夫婦の時間なんて皆無に等しかったようです。

色恋沙汰だって、芸の肥やし。夫がどこの女と遊びに行っているかで一々心を乱していたら、座長の妻なんてやっていられるか。

＊＊＊

おふくろは、強い女だったんだなあとつくづく思います。これから芸者とよろしくやろうと出かける際に、妻が雪駄を揃えて「あなた、行ってらっしゃいまし」とやられたら夫は参ってしまう。「雪駄を揃えられちゃうとさ、早く帰って来なくちゃいけねえなって思っちゃうんだよなあ」と親父もよく笑っていました。

それ以上に、座長の妻を完璧にこなしながら、自分も剣劇役者として精進するべく人知れず稽古を続けていたなんて、尋常ではありません。

「自分の色に人を染めようと思うな、自分が染まれ」

おふくろはよくそう言っていました。本当に強い人間というのは、無理に人を変えようとはしないものです。いったんは、自分が相手の色に染まって、動いてみる。そうすることで相手が変わるようになる。いつからかおふくろは、この真理を見抜いていたのでしょう。プライドを捨て、相手の懐に飛び込むこともまた、強くなければできないことなのです。

第六章

龍千代、母になる

甘い新婚生活などどこにもなかったとおふくろは言っていましたが、それでも、授かるものは授かるようです。

梅三郎に嫁いだ年の秋、昭和14年11月29日のこと、初めての子どもが生まれます。右も左もわからぬお産、さすがにドサ回りの先で産むのは憚られ、母ふさのいる東京・本郷で初めての赤ちゃんを産みました。男の子でした。

汽車での移動が祟《たた》ったのか、予定日よりもだいぶ早く産気づいたそうです。臍の緒が赤ん坊の首に二重に巻きついており、陣痛が起こるたびに産道を逆にあがってしまうという難産のうえ、生まれた子は超未熟児でした。小さすぎてこのまま死んでしまうのではないかと、しばらくは恐ろしくて抱けなかったと言います。

梅三郎が大喜びで、公演先の鳥取から龍千代のもとへ駆けつけたのは出産から1週間後。長男は武生《たけお》と命名されました。

そう、梅沢武生の誕生です。

難産の後の身体をゆっくりと休める間もなく龍千代は、生まれてまもない武生を連れてすぐに一座と旅を続けました。初めての子育ての場所は、行く先々の楽屋でした。小さく生まれましたが、武生は人一倍元気な赤ん坊だったと言います。座員の誰もが、武生をとても可愛がってくれました。

しかし梅三郎は、空気を乱してはならないと思ったのでしょう。武生を抱いたことさえなかったそうです。二枚目の人気スターに子どもができたとバレたら、人気も激減してしまう。夢を売る商売が、所帯じみてはならないという考えだったのです。武生の誕生から11年後に7番目の子どもとして生まれた僕自身も、親父に抱っこされたり、肩車された記憶はありません。しかし寂しいと感じたことはありませんでした。何せ育った場所が楽屋でしたから、その分、劇団の人達に可愛がられていたのです。人見知りする暇さえありませんでした。

夫婦であっても夫婦のようには振る舞えず、親子であっても親子のようには抱きしめられず、御贔屓さんが楽屋を訪ねてきたときは、次の間へさっと赤ん坊を隠すことにも龍千代は慣れていったそうです。オムツの洗濯を見られることも梅三郎は嫌がったので、近くの川までこっそり行って洗濯したそうです。

そして、龍千代は舞台に出る直前まで子どもにおっぱいをあげ、衣裳を入れる柳行李に赤ん坊を寝かせました。両親の気持ちが伝わったのか、武生はあまり泣かない、とても育てやすい赤ん坊だったそうです。

武生の初節句のときに、梅三郎の妹の千代子が訪ねてきました。千代子は二十歳になり、すっかり大人びていました。電話交換手の仕事が面白くないと言い、そしてそのまま、一座にいることとなり、武生やその後生まれる子ども達のこともたいそう可愛がってくれ、龍千代も大助かりでした。梅三郎もたったひとりの妹が一座について来ることをとても嬉しそうにしていたようです。

昭和15年には、もう一つ変化がありました。移動中の夜行列車の中で、梅三郎は、独立前の師匠・成田屋梅昇と偶然再会したのです。15歳のとき、この人の芝居に魅せられて、右も左もわからぬまま弟子入りをしたのでした。梅三郎は、この人の存在がなければありえません。

その師匠が、成田屋梅昇から梅沢昇に芸名を改名していました。

「おう、奇遇だなあ。元気にしているか」

「おかげさまで、私、結婚して倅《せがれ》も生まれました」

「そりゃめでたい。お前、ますます頑張らなきゃいけないじゃないか。ところで俺は今、梅沢昇という芸名にしたんだ。剣劇の神様、沢田正二郎から一文字もらったんだよ。どうだ、お前も俺の大事な弟子だ、梅沢に改名したらどうだい」

「ええ、でも、そうすると梅沢梅三郎になっちゃいますよ。梅がふたつも入っていると、なんだか酸っぱそうじゃないですかね」

「それもそうだなあ。いっそ本名を名乗ればいいじゃないか。俺も昇は本名だ」

「それじゃあ、私は今後、梅沢清でやらせてもらいます」

というわけで、この昭和15年から、市川梅三郎改め梅沢清一座となりました。平井のお母さんに報告をすると、改名祝いの旗揚げ公演のために力を貸そうと言い、地元である東北での興行をさっそく決めてくれました。

梅三郎と龍千代が、当時東北一の劇場であった仙台劇場に行くと、こんな幟《のぼり》が立っています。

〈梅沢清、竹沢龍千代一座〉

「どうだい？　ここで二人看板の旗揚げ公演をしておくれよ。何せ私がお仲人なんだからさ」

龍千代は感無量だったそうです。平井のお母さんは、自分がどんな気持ちで嫁いだか、ちゃんとわかってくれていたのだと喜びを嚙み締めました。お嫁入りからの苦労がいっぺんに消えちまったよ、と言っていました。

大衆演劇は当時より、一公演で二つないし三つの演目を立てることが当たり前でした。最初に上演する芝居を「前狂言」、その次に上演する芝居を「中狂言」、座長が主役を務めるメインのお芝居を「切り狂言」と呼びます。

この東北公演のときから、「前狂言」は龍千代が主役で歌舞伎仕立てに、切り狂言は股旅もの（各地を流れ歩く博徒を主役にした義理人情もの）で梅沢清が演じることになりました。そして、中狂言をしない代わりに、休憩時間に龍千代が踊りを入れることになりました。

夫と互角に舞台に立てる喜び。

しかし舞台裏に回れば、目の回るような女将さん仕事に、ますますやんちゃになっていく武生の子育ても待っている。

女というのは、時間がいくらあっても足りないのだ、と龍千代は理不尽な気持ちになりました。

その点、男は舞台がはねれば遊びに行く時間さえ取れる。遊びが芸の肥やしになる。なんだかずるいわ……。昼間にこっそり洗っていたおむつを火鉢にあてて乾かしながら、明日の演目の台詞を何度も練習していると、火照った頰に涙が溢れてきます。夫が帰るまでにおむつを全部乾かそう、それから夫の衣裳の裾を直して、そして台詞も満足いくように自分のものにしなくては……男はずるい、男はずるい。台詞を言っているつもりが、いつしか呪文のようにそんな言葉が口をついて出てきます。

それでも、楽屋の蒲団で眠りこける可愛い武生の寝顔を見たときには、私を母にしてくれてありがとう、女に生まれてよかったわと夫に感謝と愛情が生まれるから、女というものはなんだか不思議な生き物だ、と龍千代はしみじみ感じていました。

第七章

戦争と旅一座

昭和14年、いよいよ第二次世界大戦が始まります。

昭和16年の5月には、次男の光弘が生まれました。

その年の春には、治安維持法が全面改正されました。これにより、自由主義を謳《うた》う者、市民運動、文学や映画、演劇の内容なども警察から厳しく取り締まりがあるのではないのかと噂が広まっていました。

『蟹工船』で知られる、小樽育ちの作家、小林多喜二が獄中死したのは、この法律が改定される8年前の昭和8年のことでした。あの頃よりもさらに厳しくなったこの法律の改正により、もはや誰もが、不安に駆られ、どんよりとした鉛のような重い空気に包まれた中での出産でした。

そして、光弘が生まれてたった20日後。夫の清に2度目の赤紙（召集令状）が舞い込んできたのです。

龍千代は、言葉もありませんでした。

一度出征した人間は、二度と戦争に行かなくていいという噂を耳にしていたので、もう夫は安心だ、何処にも行かないと勝手に思っていたのです。しかも、たいてい赤紙が届いてから出征までは数週間の猶予があるものですが、こちらは旅一座の身。清の本籍地から各地を転送されて届いたため、赤紙が手元に到着したその日が佐世保での入隊日となっていたのです。入隊日を無視すれば、国賊《こくぞく》扱いになってしまう。しかし、その赤紙を手にしたのは東北でした。

夫婦は別れの時間を慈しむ暇もなく、赤紙が届くやいなや大慌てで盛岡の連隊に行き、事情を話すしかありませんでした。

連隊は事情を理解してくれ、盛岡、花巻、仙台、上野、東京、大阪……と乗り継ぎ乗り継ぎの汽車の手配をしてくれました。

ああよかった。これで夫は国賊にならずに済むのだ。

ほっとするやら、不安やら、気持ちの整理がつかず、どんな言葉を夫にかけていいのか、出産間もない龍千代はわかりませんでした。

盛岡から花巻へと向かう汽車の中で、清はいつ用意したのか、座長の仕事についてぎっしりと書かれた紙を龍千代に渡しました。

「今度はもう、いつ帰って来られるかはわからない。頼む、劇団はすべてお前に預けたよ、龍ちん。頑張ってくれ」

そう言って、座長の仕事のあれやこれやを一気に説明する夫。一言も聞き漏らすまいと龍千代は必死でした。やはり、夫婦らしい会話は一つもないまま、清とは花巻のホームで別れたのでした。

軍服も持ち合わせていなかったので、着流しで出征していきました。

夫が戦争から帰るまで、私が座長を務めあげる。

どんなことがあっても解散などさせてはならない。

気づけば、どこの旅一座も同じ状況で、座長や人気役者を戦争に取られ、潰れていく劇団もたくさんありました。だからこそ、ウチだけは潰してはならぬという思いを強く持ったそうです。

　こんな暗黒の時代だからこそ、人は娯楽がなければ生きてはいけないのだ。すべてを忘れられる楽しいひと時が必要なのだ。娘歌舞伎時代、馬車に乗って遠く満州まで行って、兵隊さん達を前に芝居をしたことを龍千代は思い出していました。

　せっかくここまで花開いた大衆演劇文化をここで根絶やしにしてはならない……平井のお母さんに作ってもらった二人看板を泣く泣く仕舞うと、〈竹沢龍千代一座〉という幟を持って、死に物狂いの日々が始まります。

　もちろん、〈梅沢清一座〉の幟もずっと一緒に持ち歩いていました。夫がいつ帰ってきても、すぐに舞台に立てるようにという妻の願いでした。

　清が出征した後すぐに、多くの借金を拵《こしら》えたままで5〜6人の座員が辞めていきました。台詞もろくに喋れない娘歌舞伎出の女が座長だなんて冗談じゃない。座長の清さんがいないのなら一緒には行けない、この先苦労する前に、今のうちに他の劇団に行こうと仲間を焚きつける座員までいました。と同時に、座員たちにも次から次へと赤紙が送られてきました。誰もがテレビドラマのように、家族と涙のお別れができるわけではなく、様々な事情で家族と疎遠になっている座員の中には、一座からそのまま出征する者も多くいました。

　昨日もひとり、今日もひとり、バンザーイ、バンザーイと櫛の歯が抜けるようにして若い役者たちが戦争に取られていく。いや、それでも嘆きはすまい、お国のためだもの。私は銃後の女となり、銃後の座長になってやる。

　龍千代はそんな座員たちのために、座長の仕事と子育ての合間の時間を見つけては、舞台で使う腹巻をほどいてちくちくと千人針を縫いました。一方、興行先ではひどい目にばかり遭いました。

「女が座長だって？　冗談じゃねえ。俺は梅沢清座長に仕事を頼んだのに、そんなの契約違反だろ？　女と商売の話ができるか！」

　まともな交渉をさせてもらえないこともしばしばあったそうです。今まできちんと出演料を払っていた劇場さえ、清が戦争に行ったと知り、突然値踏みされることも日常茶飯事でした。

それでも龍千代は、この一座を続けることしか頭にありませんでした。

あるときは、こんなこともありました。当初50人ほどいた座員が、出征や病気、蒸発などで12、13人に減ってしまった頃です。舞台を開けようとしたら花形の役者が見当たりません。龍千代が慌てて探し回っていると、ある座員が、実は夕べから彼は帰って来ていないのだと教えてくれました。それを聞いて、賭博場に行ったのだとピンと来ました。その役者は博打狂いのようなところがあって、どこに巡業に行っても必ず博打を打ちに行っていたのです。

「ちょっと、武生をおんぶさせて」

「へえ、でも座長、今からどうするんですか」

「いいから、早く！」

龍千代は2歳になる武生をおんぶすると、その場所に出かけました。その役者は、別の劇場の事務所に監禁されていたのです。前の晩、大きく博打で負けたことから、劇場も経営している博打の元締めに、「金を返せないのなら、当分はうちの劇団で働いてもらおうか」と言われて監禁されていたのでした。役者がどんどん戦争に取られていったこの時代、こうした汚い手を使って役者を引き抜くような事件が、あらゆる場所で起きていたようです。

龍千代は事実を知って頭に血が上りました。

「あんた達、こんな汚い真似をして役者を横取りしようなんて冗談じゃないよ。こんなことをしないと、大の男が芝居のひとつもできないのかい？　うちの劇団はみんな兵隊に取られて、出征家族と女、子どもだけで健気に劇団を守っているんだ。そんな哀れなところから役者を横取りしなきゃいけないのかい？　この腰抜け野郎が！」

まるで台詞の啖呵切りのように、龍千代は威勢よく声を上げました。

しかし台詞の途中から、なぜだかぼろぼろと涙が出てきます。母の涙に呼応するように背中で武生も泣き出しました。おう、よし、よし。背中の赤ん坊をあやしながら啖呵を切る女座長に、相手は押し黙ったままでした。

「とにかくあんた達、うちの役者は昨日の博打でいくら負けたんだい？　負けた金は、座長である私が責任を持ってお返しします。だから、1時間以内にうちの役者を返してください。こっちはね、出征家族の劇団だけど、お客さんが満員なんだよ！」

そうして1時間遅れでこの日の緞帳は上がりました。後から聞いたところによれば、相手の興行主は、こう言って苦笑いをしたそうです。

「俺も今までいろんな強い女を見てきたが、今度ばかりは理屈に勝てなかったよ。あの女座長の言う通りだ」

この事件が業界内には知れ渡り、竹沢龍千代は、一目置かれる存在になっていったようです。これをきっかけに、興行主に理不尽に騙されることは減っていきました。

さて現在、梅沢富美男劇団では、公演の最後を華やかな舞踊ショーで終わらせます。僕は絢爛豪華な衣裳を着て、さまざまな音楽で、劇団員達と踊ります。最近はピアソラのリベルタンゴで舞踊をするなど、派手で斬新なので、お客様達は大変喜んでくださいます。一番華やかなものを最後にすることで、幸せな気持ちでお客さんに家に帰ってほしいという思いからです。

実はこの舞踊ショーは竹沢龍千代が、夫が戦争で不在の頃に思いついたものでした。戦争で座員が激減してしまい、まともなお芝居ができなくなったための急場しのぎだったのです。

何かよい案はないものかと龍千代が考えに考えて、流行歌に合わせて役者が踊ることを思いつきました。暗くて不安な時代に、歌に合わせてぱーっと華やかに踊る。日本舞踊を知り尽くした龍千代だからこそできた芸でした。これが意外なほどに観客から好評を得たのです。辛い時代に、悲しいお芝居なんて観たくない。それよりもたった一瞬でも現実を忘れるものが観たかったのです。

失ったものを嘆いていても、時代を恨んでも仕方がない。

今、自分が持っているものだけで何ができるかを考えないと。

龍千代はその後も、このときの経験を生かしてさまざまな工夫を舞台に凝らしていきます。そんな中、その年の12月8日、真珠湾攻撃が始まります。とうとうこの国は、世界大戦に正式に参戦したのでした。

こんなに一生懸命芝居をしているのに、今日もお金を踏み倒された。あの人はいつ帰ってくるのだろう。日本はどうなってしまうのだろう。誰にも心を許せない。誰も助けてはくれないのだ……真夜中、楽屋でひとり途方に暮れていたそのときです。

「かあちゃん、だまされんなよ」

突然の声に振り向くと、寝ていたはずの武生が立ち上がって、母の背中を見ていたのです。

「あらら、起きちゃったのかい？　おしっこ？　違うの？　じゃあ、ちゃんと寝てなさいよ」

「かあちゃん、女だからってだまされるな。しっかり勘定をもらえよ！」

まだよちよち歩きの武生が、このときはすくっと立ち上がり夫にそっくりの声色でそう言いました。龍千代はそっと武生を抱きしめました。あまりにもそっくりで、つい笑ってしまったそうです。これは、どこかの空から夫が言わせているに違いない。

「ありがとうね、かあちゃん、だまされないよ、だまされるもんですか」

ああ、私にはこんなに心を許せる息子がいるじゃないか。この子達のためにもなんとしても劇団を存続させなければ――。

役者が次々と抜けていく梅沢一座の希望は、この武生でした。外で遊んでいなさいと言っても遊びに行かず、舞台の袖でいつもじーっと公演を見ていた武生は、3歳を過ぎたあたりから自然に踊りができるようになっていました。

武生を舞台に立たせると、どの公演先でも一番おひねりが飛んでくるようになりました。

「小さい子を抱えて大変だねえ。しっかりおっぱいを出しなさいよ」

こっそりと差し入れを入れてくださる御贔屓さんもいました。あちこちを回るため、配給の貰えなかった龍千代にとっては涙が出るほどありがたかったそうです。

＊＊＊

「人生は回《まわ》り灯篭《どうろう》みたいなものだね」

おふくろはよくそう口にしていました。

くるくるくる、生きていくってことは、悲しいことと、嬉しいことの繰り返し……戦争の始まったこの頃が、人生で一番辛かったねえ。と当時を思い出しては笑っていました。

梅沢一座の役者のうち、兵隊に行った若者は17人。ひとりは満州で行方不明、ひとりはアッツ島で戦死、ひとりは硫黄島で玉砕、あとは消息不明……再び日本に帰って来られたのは、４人だけだったそうです。

そんな中、食糧事情がいちばんよかった北海道を回っていたある日のこと。

札幌の滝川での公演のときです。座員のひとりが足早に龍千代のところにやってきました。

「座長、小屋の入り口になんだか汚れた兵隊さんが立っています」

なんですって。

龍千代の頭にふと浮かんだのは、夫・清の戦死の報告でした。この頃になると、毎日のようにどこの誰が戦死した、という噂を耳にしていたからです。いいえ、そんなことがあるものか。腹に力を入れて、龍千代は入り口へと向かいました。着流し姿のまま花巻駅で別れた夫の後ろ姿が脳裏に浮かびます。

まさか、冗談じゃないわ……。

果たして、雪の中に立っている顔を真っ黒にしたその兵隊さんは――、紛れもなく、待ち焦がれた夫の清でした。あなた！

その場で抱きつけたら、なんと幸せだったことでしょう。しかし、そうはできないのが男勝りの母、龍千代です。

「いやだわ、なんの連絡もなく突然帰って来るなんて……」

少しよそよそしくそう言って、涙を堪えるのが精いっぱいでした。

龍千代がまずしたことは、夫を抱きしめることでも、御馳走を作ることでもなく、〈梅沢清一座〉の幟を立てることでした。そして清はその翌日から北海道で舞台に立ちました。

昭和17年の暮れのことです。

どこに行っていたのか、どうして今帰って来られたのか、何も言わない清だったので、龍千代も尋ねることはしませんでした。

戦争の話の前に、明日の公演の準備をしなければいけませんでした。

言葉は少ないものの、清が帰ってきたことで龍千代はどれだけ安堵したことでしょうか。なんとか一座を守って生きてこられた。お乳は満足に出ず、子どもは十分に栄養もなく、せつない思いもしているが、貧しいながらにすくすく育っている——私たちは、家族なのだと思いを強くしました。

そんな夫婦の絆を遠くから見守るようにして、昭和18年のはじめ、平井のお母さんが天に召されました。

まだ北海道にいた龍千代は、「ハハキトク」の電報にすぐにでも駆けつけたかったのですが、函館までは辿り着いたものの、青函連絡船が動かずに、お母さんのいる山形まで行く術がありませんでした。しびれを切らした龍千代は、連絡船の事務所まで直談判《じかだんぱん》に行きました。

「なぜ船は動かないの。今すぐ出発して頂戴な。大切な人が危篤なんです」

「いやあ、しけが来るっていうんですよ。だから出せないんです」

「嘘おっしゃい、こんなによい天気じゃないの」

「……いえ、実はね、今動かすと、ソ連から攻撃されるっていうんで、お国から船を出しちゃいけねえって命令が来ているんですよ。ソ連の砲撃にあったら、ひとたまりもありませんからね」

それでも龍千代は毎日船着き場へ通いました。しかし、一向に船が出る気配はなく、そのうちに「ハハシス」の電報が来ました。間に合わなかった。港で揺れる青函連絡船に向かってバカヤローと叫び、空を見上げました。途方に暮れながら香典を送ったものの、平井家からもまた、「バカヤロー」とだけ書かれた電報と共に香典が送り返されてきたそうです。なぜ来なかったのだと、癇癪もちだった平井のお母さんの声が聞こえたような気がしました。

平井家では、龍千代が来るまで葬儀は上げられぬと、あと一日、あと一日とぎりぎりまで引き延ばしてくれていたそうですから、怒るのも無理はありません。戦下で交通事情が悪かったとはいえ、実の親以上に面倒を見て心配してくれた平井のお母さんに不義理をしてしまったことを、龍千代は後々まで嘆いていました。

親の死に目に会えないのが役者の運命《さだめ》とは言え、このときほど自分の身を情けないと思ったことはなかったそうです。


それからしばらく経ったのち、ようやく青函連絡船も動き始めたということで、梅沢一座はしばらくのあいだ、福島の新開座という小屋を本拠地にして活動しようということになりました。戦争が激しくなる中で、もはや、北海道を除いては、全国を回るということが不可能になっていったのです。

ようやく新開座での暮らしが落ち着いたと思ったら、なんと、清のもとに3度目の赤紙が送られてきました。そして清は、今度もまた、壮行会もせずにひっそりと戦争に赴くというのです。

「いくらなんでもおかしくはありませんか。あなたは半年前に戦地から帰って来たばかりではありませんか。なんでまたすぐに召集されないとならないのですか。そんな人、周りにはいませんよ」

このとき、龍千代は、３人目の子どもを宿していました。今まで不審に思っていたことを、つい口に出してしまったのです。清は、意を決したようにして龍千代にこう打ち明けました。

「今まで言わないできたが、俺は普通の兵隊として召集されているわけじゃないんだ。野砲なんだよ」

「やほう？　それはなんですか？」

「お前は芝居以外のことは何も知らないんだな。まあ、無理もない。野砲ってえのは大砲を備えつけている兵隊のことさ。だから、いつも隠密召集といって、こっそりと召集されるんだよ。行先は俺にもわからないし、わかったところで誰にも言えない。だって、派手にバンザイなんかされて見送られたら、スパイに尾行されてどこに大砲を設置しているかバレてしまうかもわからない。だから、そっと出て行くのが野砲のやり方なんだ。わかってくれ、必ずまた帰って来る。身重のお前を置いていくのは忍びないが、また必ず帰って来るから」

そう言われてしまえば、それ以上詮索することもできず、またひっそりと龍千代は夫を送り出すしかありませんでした。しかも今回は、一座が公演中に出て行くということで、夫が戦争に行くというのに、妻は舞台に立っている真っ只中。その時は郡山のみどり座という屋外の舞台だったので、踊りながらふと桟橋の方を見やると、そこに夫が立っていました。

（後のこと、子どものこと、頼んだよ）

（はい。あなたこそ、どんなことがあってもどうかご無事で。ご無事でお帰りください）

涙なんて見せられません。顔で笑って、心で泣いて。舞台の上から、目と目で夫婦は会話したと言います。

今度あの人が無事に戦地から帰って来たときは、もう強がらないわ、お帰りなさいと言って、思いきりあの人を抱きしめよう。抱きしめてもらおう――清の3度目の出征から2ヵ月後、3人目の子どもで初の長女となる昌子が誕生しました。

戦況はますます困難を極めていきました。

赤ん坊のミルクも手に入らず、栄養状態が悪いため、龍千代のおっぱいも思うようには出ません。それに、本来ならば一座での食事は、座長がまず食事を終えなければ他の座員は箸をつけられずに待っているのですが、龍千代は、「私は外で食べて来たから、お前たち早くお食べ」と嘘をついて少しでも座員に食糧が回るようにしていました。腹が減ったら、若い座員達がいい芝居なんてできるわけがない。とにかく少しでも座員達を腹いっぱいにしたいという思いから、龍千代は着物や帯を次から次に闇へ出し、米に換えていったのです。
昨日は5円で買えたものが、今日は20円になっていた。明日はもうないという。お金があっても買えない物がたくさんあった。誰もがいつも空腹で、イライラしている。子どもは泣き叫ぶ。それが、戦争下の暮らしというものです。戦争を生きるとは、空腹との闘いでもありました。

そんな時代をくぐり抜けたからでしょう、おふくろは、物を捨てるのも、食べ物を残すのもたいそう苦手でしたね。物を無駄にしない、多少壊れても修理して最後まで使う。野菜の切れ端や皮、魚の内臓、余った食材も無駄なく料理する。僕にもそういうところがあります。この精神もまた、おふくろから学んだことです。

昭和19年になると、状況はさらに厳しく、年明けとともに東京や名古屋では疎開命令が出て、建物の取り壊しが始まりました。『中央公論』や『改造』といった雑誌の編集者が逮捕され、表現の自由も危うくなってきました。そして春には、決戦非常措置要綱というものが適用され、バーやお茶屋、料亭といったものが一斉に閉鎖、宝塚歌劇団も休演を余儀なくされました。夜に上野を出発し、常磐《じょうばん》や東北へ向かう、いわゆる疎開列車の運行が始まったのも3月のことです。

清は再びひっそりと、戦地から帰ってきました。そしてまた半年後に赤紙が来て、そっと出て行きました。龍千代はそのたびに胸を痛めましたが、夫にいちいち尋ねることはやめました。

この頃には、戦地から度々ハガキが送られてきました。しかし、何処にいるのかは書かれていません。

そこには、自分の状況にはたいして触れず、家族のこと、そして劇団のことをあれこれ心配する言葉ばかりが並びます。

大丈夫、この人は今度も絶対に生きて帰って来てくれる……しかしそんなことを声に出そうものならば、国賊扱いです。生きていてほしいなんて言ったなら、それだけで密告されて逮捕されるかもわかりません。夫の生還を待つ前に、私達がアメリカに殺されるかもしれない……もはや、何処にいようが明日をも知れぬ日々でした。やがて梅沢一座も行く先々や移動中にたびたび空襲に遭遇するようになりました。

舞台衣裳や大道具も諦めて、国民服やもんぺ姿のままで芝居をすることが当たり前になっていました。それでも、龍千代は芝居をやめるつもりは塵ほどもありませんでした。

福島の新開座、仙台の歌舞伎座、郡山のみどり座……東京から疎開に来た人も観に来てくれたそうです。どこの小屋に行っても、楽屋から花道、そして表にある防空壕にかけて縄を張りました。いざと言うときに、龍千代がいなくても、そのロープを伝って子どもたちが防空壕に入れるようにしたのです。子どもたちの服には、両親の名前、血液型、貯金通帳の口座番号まで縫いつけてありました。そして長男の武生には、昔、父の清五郎からもらった唯一の品、不動明王の御守を首からぶら下げさせました。第一次世界大戦で何度も騎兵隊に取られた清五郎の命を守ってくれた、大切な御守です。

郡山のみどり座では、あるとき、上演中に大きな空襲に遭いました。出演者もお客さんも一体となってバケツの水をかけて消しながら、客席の畳を上げて、その下に潜り込みました。

移動中に大きな空襲に遭ったときは、たまたま居合わせた将校さんが、武生と光弘を背負って、近くの民家に逃げ込み、風呂桶に子ども達を入れて蓋をしてくれたこともあったそうです。

「危ないところを助けていただき、どうもありがとうございます」

「奥さん、この子たちを大切に育て上げてください。そしていつか、私たちの仇討ちをさせてくださいよ」

龍千代が何も言わずに困っていると、将校さんは軍刀をおもむろに抜いてこう言いました。

「見てくださいよ、この軍刀。竹刀《しない》なんです。竹刀でアメリカに勝てますか？　それでも私たちは、お国のために命を懸けて戦っているんです。とにかく、この子らをしっかり育て上げるように」

将校さんの軍刀がサーベルではなくて竹刀になっているなんて……龍千代は胸騒ぎ

を覚えました。
もしかしたら東京も危ないのではないかと予感がして、何かに動かされるようにして、母のふさを説得し、福島に疎開させたのは3月10日のことでした。そう、あの東京大空襲があった日です。母と兄たちが上野駅から夜行の疎開列車に乗りこんですぐに、空襲が始まったそうですから、本当に間一髪のことでした。この日、龍千代が家族のために建ててあげた本郷の家は燃えてなくなりました。

それでも、喜んでくれるお客様がいる限り、芝居を続けて、3人の子どもとともに夫を待つ。それ以外にもはや龍千代には生きる希望がありませんでした。お客さんの中には、明日出征するから最後の思い出を作るため、あんたの芝居を観に来たんだ、という人もちらほら出てきました。明日をも知れぬ人にこそ、束の間の現実逃避が必要なのです。国民服やもんぺしかなくても、平和で楽しかったあの頃のように、豪華な衣裳を着ているつもりで龍千代一座は必死で毎日演じていました。もはや商売よりも、傷痍軍人やお年寄りのために昼間、慰問に行くことも多くなっていました。出演料は正露丸などのお薬の現物支給がほとんどでした。

片腕を失った人、両足を失った人、目に包帯を巻いている人、陸軍病院の慰問で、戦争で傷ついた人を見かけるたび、龍千代は胸が潰れそうになりました。親を失い、施設に預けられた疎開児童たちのところにも慰問に出かけ、これもまた、涙を堪えるのが辛かったと言います。

一体、いつまでこんな状況が続くのだろうか。

子ども達が大人になっても続くのだろうか。息子達もいつしか戦争に取られる日が来てしまうのだろうか。いや、未来を憂えても仕方がない。ほんの一瞬でもいい、笑ってもらおう、私も銃後の妻なのだ。お国のために芝居をしよう——それでもまだ、日本がこの戦争に負けるとは思っていなかったと言います。

昭和20年8月。日本に原子爆弾が落ちました。龍千代はこのときも、妊娠9ヵ月の身重でした。原爆が落とされた直後のこと、龍千代は福島県庁から呼ばれました。このときの一家の住まいは、県庁の隣だったのです。呼ばれた理由はこうでした。

「いよいよ本土決戦の日が近づいてきた。北からはソ連が、東京湾からはアメリカが攻め寄せてくるのも間もない。そうなると、日本人は皆殺されてしまう。せめて、子どもたちの命は助けたい。そこで、実は蔵王《ざおう》の奥深い村のある所に、子どもたちを隠すための宿舎を用意した。龍千代さん、あなたもそこに同行して、子どもたちを育ててはもらえないですか」

臨月に入ろうとする龍千代への配慮もあったに違いありません。しかし、もはや一座もこれまでかと、龍千代は絶望感でいっぱいでした。宿舎の横には大きなトラックが用意され、その荷台には芋を洗うようにして子どもたちが載っています。福島県は、県中の子どもたちをこうして何台ものトラックにぎゅうぎゅうに載せて、蔵王の奥地に隠そうと計画したのです。

トラックの荷台に子どもたちを乗せ、最後に大きなお腹を抱えて助手席に乗ろうとしたとき、ふと武生を見ると、いつも首にぶら下げている御守がありませんでした。

「あら、武生、あんた御守どうしたの？」

「あ、忘れてきちゃった……」

数日前の空襲のときに、防空壕に落としたのを龍千代が拾いに行って、そのまま神棚に置いたのでした。防空壕でその御守を見つけたとき、真っ暗闇の中で、その御守だけが金色に光って見えました。龍千代はあの御守だけは持っていたいと、皆を待たせて取りに帰ったのです。

「お待たせしました。さあ、出発しましょう」

「よし、では行きますよ」

運転手さんがエンジンをかけたそのときでした。

「座長！　待ってください、行かないで！」

「どうしたんだい？」

「今、福島県庁から連絡がありました。なぜかはわからないのですが、出発は中止ですって。蔵王に行かなくてもよくなったそうです」

こうして、蔵王行きは中止となり、子どもたちは荷台から降ろされて歓喜の声を上げていました。皆、家族と離れ離れになるのは嫌だったのです。県にどんな命令が下って中止になったのか、その事情はわからずじまいでした。もしも、御守を取りに戻っていなければ、この知らせを受け取る前にもう出発してしまっていたでしょう。この時は、遠く離れた父の清五郎に守られた気がしたと龍千代は言っていました。

それから数日後。やけに暑い日でした。その日は不思議と、爆撃機が一機も飛んできません。蟬の声だけがやたらけたたましく鳴いています。そのうち、国民は皆、正午のラジオを聞くようにという命令がありました。

8月15日。日本は敗けました。ただただ無念さがこみあげてきた、と龍千代は言います。静かに涙を拭いている母を、武生らが不思議そうに見ていました。

「かあちゃん、どうして泣いてるの？」

「よくお聞き。日本が今日、負けたんだよ」

「嘘だ！　日本が負けるわけないじゃないか。とうちゃんが戦争に行っているのに、どうして日本が負けるんだ？」

龍千代はおもむろに三味線を引き寄せると、『さくらさくら』を歌いました。蟬の声とともに、この唄が、桜のように散っていった座員たちのもとへ届きますように。すべての人の魂がやすらぎますように。

「さくらさくらっていう唄は、日本に昔からある唄なんだよ。よく聞いといてね。アメリカ軍に占領されたら、もうこの唄を唄えなくなるかもしれないからね」

さくら さくら　やよいの空は　見わたす限り　かすみか雲か匂いぞ出ずる
いざや　いざや　見にゆかん

繰り返し、子どもたちと龍千代は、炎天下、何度も何度もさくらさくらを唄い続けました。日本は敗けた。これから私たちはどうなるのだろう。

清さんは帰ってくるのだろうか——福島の町では、まもなく暴動が始まりました。玉音放送でパニックになった市民たちが暴れているのです。市役所の人が訪れて、すぐに〈竹沢龍千代事務所〉という看板を外せと言います。女の名前でやっていることがわかれば、それだけで狙われるかもしれないと。

福島には、捕虜収容所もありました。敗戦とともに、アメリカ軍の捕虜たちは釈放されました。アメリカ兵は、大声で何やら叫んだり、英語の歌を歌いながら、昼も夜も町を荒らしていました。数日後には日本中がアメリカの植民地になりそうだという噂が飛び交い、今度はアメリカ軍を恐れて疎開する人たちまで出てくる有り様です。

終戦から2週間も経たない8月26日、龍千代は三男の智也を産みました。

その2日後、龍千代に、進駐軍に慰問に行ってくれという連絡が役所から入りました。産後の肥立ちが悪い中、龍千代は、焼け残った衣裳を精一杯集めて、アメリカ兵の前に立ち、剣劇をし、日本舞踊を舞い、唄いました。

今こそ、日本の美しさ、素晴らしさを見せてやろうという意地しかなかったと言います。心臓が飛び出そうに緊張しましたが、アメリカ兵たちは「ワンダフル、ワンダフル」と大喜びだったと言います。

アメリカ兵のひとりが、龍千代の衣裳を引っ張って、「プレゼント、プレゼント」と言い続けます。どうやら、アメリカにいるママにこの着物をプレゼントしたいから俺によこせ、と言っているようです。

通訳さんが、「この人たちの商売道具だからダメなんですよ」と言うと、「オーアイムソーリー」と、逆にチョコレートやらキャラメルやらをたくさんくれたと言います。6歳になった長男の武生もこれには大喜びで、一生懸命に踊りました。

アメリカ兵は全員人殺しの赤鬼だと思っていたら、どうやらそうではなさそうだ……この人達にもそれぞれに家族がいて、大切な人がいて、清さんと同じようにお国の命令で遠くに来ているだけなのだと思えば、情も湧きます。勝った負けたは、お国の話で、個人個人はそれぞれ戦争の犠牲になったのは間違いないのです。寂しく辛いからこそ、私の踊りをこんなに喜んでくれるのだと、龍千代はいつしか自然に、アメリカ兵たちに微笑んでもいました。

日本にマッカーサーが来て、それまでやっていた仇討ち劇や軍歌を唄うことは禁止されました。食糧事情も、戦時中よりさらに悪くなったくらいで、日本人の誰もが不自由の中で、もがいているように見えました。

龍千代は一時、大衆演劇の時代は終わったと腹をくくりましたが、実際はそうではなく、一時の混乱が収まると、新開座は、満員御礼の日が続くようになったのです。

敗戦から1ヵ月経っても、2ヵ月経っても、夫からの連絡はありませんでした。ご近所ではご主人や息子さんが次々に復員してきたというのに、と胸騒ぎがしましたが、なるようにしかなりません。それでも、観に来てくださるお客さんがいる限り、やろう。あの人が帰ってくるまで、やろう。混乱のときこそ、平常心が必要だとばかり、龍千代は子育てと舞台に打ち込みました。

清が復員したのは、会津磐梯山《あいづばんだいさん》にうっすらと雪が積もった11月のこと。
龍千代が新開座の舞台で踊っている最中に、武生がいきなり舞台に飛び出して来て、肝を冷やしていると、目をまん丸くしてこう言います。

「かあちゃん、とうちゃんが帰ってきた！」

「ええっ」

驚いて立ちすくんだ龍千代に、不意にお客さんから声がかかります。おめでとう！よかったな！　今日はもう、幕を下ろしていいぞ！　清さんが帰ってきたぞ！
踊りを終えた龍千代が舞台の上で立ち尽くしていると、入り口には、髭をぼうぼうに生やして痩せこけ、腰が曲がった清が立っていました。

「あなた、おかえりなさい。よくぞ、よくぞご無事で」

今日の芝居の筋書きにはない台詞でした。

「ただいま。龍千代、よく頑張ってくれた。今度こそ本当に、ただいま」

ああ、約束が果たせた。夫が本当に帰って来るまで、私は大切な一座をなんとか守り抜くことができたのだ。――これでようやく、私の戦争も終わった。龍千代は、夫に抱きつきました。全身から力が抜けていく感覚を初めて味わいました。

＊＊＊

「いいかい、どんなことがあっても舞台から下りてはならないよ。雨が降ろうが槍が降ろうが、緞帳が下りるまで役者は舞台に立ち続けてなんぼなんだよ」

子ども達にそう教え続けた龍千代でしたが、この日ばかりは、自ら舞台を下りて、夫のもとへと駆け寄ったそうです。しかし、舞台の中断を怒る客は誰もおらず、いつまでも拍手が鳴りやまなかったそうです。

その翌日から再び、〈梅沢清一座〉〈竹沢龍千代一座〉の二つの幟が立ちました。照れ屋で無口だった清は、面と向かって龍千代には言えなかったようですが、一座の人間達にはこう語っていたそうです。

「俺が戦争から帰って来るまで、一座を守ってくれたカミさんには、もう死ぬまで頭が上がらない。女遊びも、もう止めたよ」

当時のポスター

第八章

七人目の子ども

ようやく平和を取り戻し、人々にも笑顔が戻ってきた戦後、大衆演劇の第二次黄金期と呼ばれる時代が訪れ、梅沢一座はどこの小屋に行っても満員御礼となりました。

再び戻ってきた平和のありがたさ、家族が一緒にいられる幸福を、清も龍千代も噛み締めていました。また、旅の日々が始まったのです。しばらくの間、ヤミ米が横行し、食糧難が続きましたが、恵まれていることにどこに行ってもお客さんが分けてくれたので、食べるものには困らなかったと言います。

そうやって分けてもらった食糧を、生まれ故郷の藤崎の親戚にも送り続けた龍千代でした。旅役者になったことで、長年肩身の狭い思いをさせた親戚にも、これで少しはお詫びができるだろうと、せっせと送り続けていたのです。もはや母も父もいない故郷ではありますが、藤崎への想いは変わらずにありました。

そして、昭和22年には二女の隆子が、24年には四男の修が誕生。

武生は小学校に上がる年になり、福島で暮らすふさに預けることになりました。

かつて龍千代が、娘歌舞伎で稼いだ貯金をはたいて家族のために本郷に買った家は、東京大空襲で焼けてしまい、それからはずっと福島で暮らしていたのです。

可愛い盛りの武生を手元から離すことは、身を切られるように辛くもありましたが、ひとつの学校に腰を落ち着かせ一生懸命勉強させて、読み書きや計算を習わせることが息子のためであるという苦渋の決断でした。

今でこそ、学校の転校手続きもスムーズにいくようになりましたが、当時は県をまたいで転校ひとつするのも手続きがとてもややこしく、旅の一座の子ども達は、学校に行きたくとも行けない子がたくさんいたそうです。大人になってから本が読めずに苦労している役者さんもいました。そんな苦労を子ども達にさせてはならぬ、夫婦は、子育てに関しては新しい考え方を持っていたようでした。

「母ちゃん達もお前と別れるのはどんなにか辛い。辛いけど、頑張ってしっかり勉強するんだよ。母ちゃん、お前のために一生懸命働くからね」

運動会や遠足の前には、夜なべして服を縫い上げて、福島へと小包をせっせと送る龍千代でした。その後も2番目の子の光弘、3番目の昌子、4番目の智也……と小学校に上がる年になると福島へ預けるのが梅沢家の決まりとなっていきました。

そして昭和25年11月9日、7人目の子どもとして生まれたのが僕、富美男でした。陣痛が来たと思ったらすとんと生まれ落ちて、ずいぶんとあっけない軽いお産だった、と当時のことを龍千代は振り返って笑いました。生まれたときからトンちゃんは親想いだったんだね、と。だけど、あっけなく生まれ過ぎたからか、僕は産声を上げなかったそうです。不安になった龍千代が思い切って蹴っ飛ばしてみると、ようやく赤ん坊は元気にオギャーと泣いてほっと安心したのだとか。

「俺は生まれてすぐにおふくろに蹴っ飛ばされたんだよな」

子ども時代は、事あるごとにおふくろにそう言っていたのを覚えています。

富美男と命名してくれたのは父の清です。

父は大の阪神ファンで、当時はまだ大阪タイガースという球団名でしたが、藤村富美男という天才バッターが大活躍していたので、その名前にあやからせてもらったのだとか。そして当時は、「トンコ節」という唄がちょうど大流行していたため、物心つく前から一座のあいだで僕は、「トンちゃん」というあだ名で呼ばれていました。

父は子ども達をよくプロ野球に連れて行ってくれました。だから僕も、子どもの頃からの夢はずっとプロ野球選手。一番の憧れは、巨人の長嶋茂雄さんでした。「役者になんかならないよ。野球選手になるからね」と言い張るほどに、中学までは野球一筋の少年だったのです。

そうは言うものの、兄弟の中で初舞台が一番早かったのは何を隠そう、僕でした。1歳7ヵ月のときです。龍千代が僕におっぱいをあげたあと、急いでお化粧をしていると、まだ舞台が開いてないはずなのに、客席から歓声が聞こえてきたのです。舞台の幕が上がる前には、いつも流行歌のレコードを流していたのですが、いつもと様子が違います。

「ちょっと、お客さんたち、何を騒いでいるの？　何が起きたんだい？」

座員は嬉しそうに言います。

「トンちゃんが、花道で踊っているんですよ」

「ええっ？　まだおしめも取れてないのに……」

龍千代が急いで舞台の袖まで行くと、確かに僕が流行歌『伊那の勘太郎』に合わせて踊っている！　おしめをしたままよたよたと、しかし、眼をかっと見開いて、見得まで切ったのだそうです。もちろん僕は、まったく記憶にありません。

しかしあまりにもお客さんの受けがよかったので、よし、トンコを舞台に出しちゃえ、ということで僕はオムツ姿のまま役者デビューを飾ったのです。舞台に出る直前までおふくろのおっぱいをしゃぶり、本番直前に、龍千代が胸から離してそのまま舞台へと背中を押す。そうしないと、踊らなかったそうです。ええ、僕は筋金入りのおっぱい好きなんです。２歳になる前からもう、『伊那の勘太郎』に加え、『名月赤城山』、『大利根月夜』なども三度笠を持って踊ってみせ、見よう見まねで覚えていた長台詞を、間違えることなく喋ったと言います。

その様子は後日、福島日報という地元の新聞にまで載る騒動となりました。〈天才子役現る！〉という見出しの記事をスクラップして、龍千代は後生大事に持っていました。何かあるにつけ、人に見せていましたからよほど嬉しい思い出なのでしょう。

それからというもの、僕はわけもわからず一座の人気者となったそうです。3歳になるかならないかの頃には、『母をたずねて』という芝居で大きな役を貰い、これがまた泣けると大評判を呼びました。これもまた、記憶がありません。内容を理解して演じていたのではなく、音やトーンに合わせて自然と体を動かし、台詞の意味もわからぬまま言っていたのでしょう。だから、時々は失敗します。しかし、失敗したらしたでまた、泣き出す僕を見て客席は大受け。

野球選手になる夢を抱いていましたが、小さい頃より芝居が大好き、お客さんの歓声と拍手が大好きだったことは間違いありません。

そして僕が5歳のときに、長男の武生は福島の祖母のもとで小学校、中学校と義務教育を終えて、一座に帰って来ました。

学校に通っている間、夏休みや正月休みになっても武生はほとんど帰ってきませんでした。それがなぜかは、僕自身もその後同じように福島に預けられたからよくわかります。

家族との時間が楽しくて濃密なほど、帰るときのやるせなさに耐えられないのです。梅沢一座が福島で巡業している時さえも、武生は楽屋に上がろうとはしませんでした。長男という責任感もあったのでしょう。弟や妹は楽屋で楽しく過ごし、一座が他の場所へ移った夜は、「かあちゃん、かあちゃん」と蒲団の中で声を出して泣く。武生だって泣きたかったでしょう。しかし、「泣くんじゃないよ、寝ろ」と我慢強く言うのが長男の役目であると武生は痛いほどわかっていたのです。

そうやって誰よりも早く孤独を知った武生は、福島にいた頃は、「俺は家族が一緒に暮らせないような、役者という仕事には、絶対につかないからね」と言っていましたが、中学校卒業とともに、やはり父親・清の後継者になるのは長男の自分であると自覚を持ったようでした。

清もそこで、武生にすべてを託そうと決意をし、実の親子とは思えないほどの、厳しい役者修行の日々が始まりました。

それと同時に、僕が小学校に上がる年齢となり、入れ替わるようにして祖母のふさに預けられました。昭和31年のことです。

「いいか、トンコ。学校に行っている間は、芝居を忘れろ。卒業した後、芝居をやりたかったら戻って来い」

親父の清は、子ども達全員にこう言って福島に送り出しました。しかしまだ6歳の子どもですから、忘れろと言われてもよく理解できません。

その頃、一座は群馬県の前橋を準本拠地にしていて、僕が福島に行く前の日も、確か前橋にいました。福島の家でふさと同居していた叔母（龍千代の妹）が僕を迎えに来たのを覚えています。当時はまだ新幹線はなく、SLでした。前橋から小山で乗り換え、東北本線に乗って、福島の船場町というところまで、丸一日かけてたどり着きました。

僕が預けられた時には、すぐ上の兄の修やその上の智也、姉の隆子、そして真新しいランドセルが待ち受けていたので、特に寂しさを感じることもなく、すぐに母ちゃんも追いかけてくるに違いないと思いながら過ごしていました。

ところが翌日になっても、翌々日になっても母はやって来ません。祖母達が話す東北弁は、芝居のために標準語で育った僕にはよく聞き取れずに、とても遠くに来てしまった気がしました。

4日目になってようやく、かあちゃんはここに来ないのだと知り、僕はぎゃんぎゃんと泣きました。見兼ねた修兄ちゃんが、僕の蒲団に入って添い寝してくれました。しかし、修兄ちゃんはたった1歳上なだけ。その後も僕が泣き止まないものだから、つられて兄ちゃんも嗚咽して、二人して抱き合って「かあちゃん、かあちゃん」と朝まで泣きました。

明日は小学校の入学式だという晩、僕は修兄ちゃんにさえ黙ってこっそりと家を抜け出しました。福島の桜の蕾はまだ固く、新品の半ズボンから出た膝に夜風がひんやりと冷たかったのを覚えています。とにかく駅に行けばなんとかなる。小山で乗り換えれば、かあちゃんのいる前橋まで汽車が通っている。しかし、いざ外に出てみると、駅がどっちの方向かもわかりません。そうだ、おまわりさんに訊けばいいのだと、近くに見えた交番に飛び込みました。

「駅はどっちですか」

「僕、見慣れない顔だな。この町の子じゃないね。駅に行ってどうするの。もう遅いよ」

「汽車に乗って、前橋のかあちゃんの家に行くんだよ」

あまりにも言い張る僕におまわりさんも手を焼いたのか、駅まで手を引いて連れて行ってくれました。しかし、駅のホームにはすでに祖母が待ち構えていました。僕はその夜、こんこんと祖母に説教され、泣き腫らした目で入学式に出たのでした。

後から思えば、祖母のふさは、たくさんいる孫の中で、僕のことがあまり好きではなかったようです。と言うのも、「孫の中で、トンコの顔がいちばん、清五郎さんに似ているね。ソックリだ。ああ、やだやだ」と言っていましたから。自分を捨てた夫の面影を孫に見るのは辛かったのでしょう。

小学校で習う事は、僕にとっては簡単過ぎて馬鹿らしかったのを覚えています。習う文字は皆、とっくの昔に楽屋で覚えたものばかりだったし、足し算や引き算は、お小遣いを貰って買い物に行っていたから、今さら習うことでもなかった。国語の朗読の時間はもう、僕の独壇場。そりゃそうです。あまりにも流暢に読むものだから、先生はいつも僕を最初に指名しました。そんな僕だったから、生意気だと喧嘩を吹っかけてくる上級生がたくさんいました。口は達者だったけど、僕は力が弱かった。だから、喧嘩で負けそうになると、いつも修兄ちゃんが駆けつけて助けてくれました。楽屋で暮らしていた頃と違い、一日が途方に暮れるほど長く感じたのを覚えています。

そして待ちに待った夏休み。隆子姉ちゃんが切符の手配をしてくれ、おふくろ達のところへ連れて行ってくれました。楽屋の白粉《おしろい》の匂い、キラキラとした舞台衣裳、お客さん達の熱気……ああ、なんてここは懐かしくて楽しいんだ！　そしてかあちゃんの声、かあちゃんのぬくもり。この4ヵ月を取り戻すようにして、僕はかあちゃんに甘えました。舞台の袖で両親の芝居を観て暮らすのが、僕らにとっての夏休みでした。

そして、あと2日で夏休みが終わるという頃、僕達は福島に帰らねばならない。あのときのせつなさは、一生忘れることはないでしょう。長兄の武生と同じように、そのせつなさが身に沁みて、3、4年生あたりからは学校が休みになっても母に会いに行くことは減っていきました。その分、野球に惹かれていったのです。

そして、小学校5年の半ばの頃、上の姉ふたりが社会人になったこともあり、兄弟は全員ふさのもとを離れ、前橋の家に引っ越すことになりました。そして前橋の中学校に入学するともちろん野球部に入り、野球三昧の日々を送っていました。晴れて一家が一緒に暮らせるようになったのですが、僕はもう思春期に入っており、母に甘えることもありませんでした。

＊＊＊

その頃、龍千代のもとにはずっと音信不通だった父の清五郎から手紙が送られてきました。なんと、〈もう自分は歳もとったし、あと何年生きられるかわからない。今さらだが、もう一度ふさと一緒に暮らしてやり直したい〉と書いてありました。
なんと身勝手な……龍千代は腹も立ちましたが、別の所帯を持っても、ふさは、ずっと母のことを恋しく思っていたのだと考えると、少しせつなくもなりました。しかし

「今さらなんてこと。私は絶対にイヤですよ」と聞き入れようとはしません。しかしふさは、そりゃそうです。しかし龍千代は粘りました。このときだけは母親ではなく、娘時代に戻っていました。

「もうお互い年なんだからそういうことは言いっこなしよ。お父さんだって、この手紙を送るまでずいぶん悩んだはずよ」

「何言っているんだい、ちね。お前はお人よしなんだよ。あの人は、私達をぼろ雑巾みたいに捨てた人なんだよ。忘れちまったのかい？　どれだけ苦しい日々を送ってきたか、あんたが一番知っているはずでしょう。あの人がちゃんとしていてくれたら、あんたが役者になんか、なることもなかったんだよ」

そう、すべての運命はあの日、父の失踪から始まったことでした。

しかし、人間万事塞翁が馬。それがなければ、私は役者になることも、夫の清と出会うこともなければ、こんなに可愛い子ども達に恵まれることもなかったかもしれない。結婚できないことをやけどの傷のせいにしながら、今頃、女ひとり日本舞踊のお師匠さんでもやっていたかもしれない——そう考えると、龍千代の心の中のどこにも、もう父を恨む気持ちは見当たりませんでした。夫の清に相談しました。

「お前にとってはたったひとりの父親だろう？　だったらうちに来てもらえよ。もう我が家は、ひとりやふたり家族が増えようがびくともしないよ」

夫の温かい言葉に背中を押され、龍千代は父を迎えに行きました。

すると、遠い昔に函館で会ったあちらの娘さんが出てきてこう言いました。

「実の父ではありませんが、散々お世話になってきた人を、年を取ったからってここから追い出すわけにはいきません。どうぞ、お帰りください」

結局、父ともう一度暮らすということは、夢のまま終わってしまいました。しかし、父はあちらの家族でもちゃんと愛されていたのだと知って、龍千代はほっとしたと言います。

清五郎が死んだという知らせが届いたのは、それから3年後のことでした。

その5年後に、ふさも蠟燭の火が消えるようにして、静かに旅立ちました。孫の世話をすべて終えた後、今で言うところの認知症がかなり進んでいて、苦しむことのない大往生でした。

＊＊＊

そして昭和27年、梅沢一座は武生が二代目座長となりました。武生が23歳のときです。当時、大衆演劇のあこがれであり、メッカとも言われた浅草の吉景館という劇場から、「東京に出てこないか」と呼ばれたのを機に、清は武生に襲名をさせたのでした。

　第二次黄金期も盛りを過ぎて、人々の関心は大衆演劇から、次々と建てられていた映画館へと徐々に移っていく中で、梅沢一座がこれからも生き残っていくためには、若い人の発想が必要だと清は考えたのです。

「役者は楽屋でお茶を飲む暇があったら舞台を見ろ。見ているうちに芝居は身につくんだ」

　中学を卒業してからずっと、父の教えを忠実に守ってきた武生は、順調な滑り出しで二代目座長を始めることができました。

　一方、僕はと言えば、もうすぐ中学卒業の時期でした。しかしその頃、夢は相変わらずプロ野球選手。長兄が二代目を継いだと聞いても、それを手伝おうという気もさらさらなかったのです。

　そんな僕の心を知ってか知らずか、ある日、武生兄から東京に遊びに来いという手紙が届きました。僕は、目玉焼きの載ったハンバーグライスを食べさせてくれるんなら行ってもいいと返事を書きました。

その頃、友達のあいだでは、東京に行くと目玉焼きの載っている美味しい肉の塊が食える、ハンバーグライスと言うらしいという話で持ちきりで、一体どんなものなのかと毎日想像していたのです。話はついて、ある日、上野駅で武生兄は笑って僕を迎え、たいそう人で賑わっている「聚楽」という食堂で御馳走してくれました。夢にまで見たハンバーグライス。「世の中にこんな美味いものがあるのか！」。あのときの感激は、今でも忘れません。

そしてそのまま、浅草の劇場で皆がお前の顔を見たがっているというので、吉景館へ行き、楽屋で久しぶりにくつろいでいると、武生兄が何気なくこう言いました。

「トンコ、今日は役者が病気で倒れて、人が足りないんだ。お前、どうだ、せっかく浅草に来たんだから、久しぶりに舞台に出てみないか」

えっ？　舞台に？　何年ぶりだろうか。僕は拒否する暇も与えられず、兄に言われるがままにその場で口立て稽古に参加し、お化粧までされました。もちろん、芝居はとんちんかん。口から出る台詞は、祖母のもとで覚えた青森弁訛《なま》りの福島弁に、さらに群馬弁が混じるという代物でした。しかし、それはそれで客席は大受けだったのです。僕がふざけてやるんじゃなく、真面目にやればやるほど、お客さんは笑ってくれました。しかしそこで、久しぶりの役者仕事に舞い上がった僕は、大きな勘違いをします。笑われているんじゃなく、僕が笑わせていると思ったのです。

こんな急場しのぎの舞台で、お客さんをここまで喜ばせることができるなんて、僕は役者に向いているんじゃないのか？　そうだ、しばらく忘れていたが、かつては天才子役とまで言われていたじゃないか！　——お客さんの拍手の嵐は、一度味わったら止められない、麻薬のような力を持っていました。緞帳が降りても、その気持ちよさは覚めません。よくやった、頑張ったな、よしよし、またハンバーグライスを食わせてやるぞと武生兄も満面の笑み。

結局僕はそのまま、梅沢武生一座に居ついてしまいました。

トンコが芝居をやるって決めてくれた！

誰よりもそれを喜んだのは母の龍千代です。昭和40年、僕が15歳で、二代目座長・武生は26歳でした。

安堵した龍千代は、その頃から舞台は息子達に任せて、裏方の仕事をするようになっていました。かといって楽ができる性分ではなく、切符のもぎりから座席の手配、衣裳の整理などじっとしていることはありませんでした。さらに、人手が足りないときはピンチヒッターでどんな役でもこなしました。

気づけば僕は梅沢一座の人気役者と呼ばれるようになっており、御贔屓さんも増え、18、19歳の頃にはもう、懐には20万、30万という札束がいつもありました。今で言えば100万円くらいの価値でしょうか。女性ファンからもチヤホヤされるようになりました。今日くらいはお芝居を休んで、私と温泉に遊びに行きましょうよ、なんて言われると、確かに1日くらい休んだってどうってことないだろう、僕は人気役者と言えども、いつも三枚目の脇役なんだし、と、つい楽しいほうへと身体が行ってしまう……そんな浮ついた心をコントロールできなくなっていた10代後半でした。

御贔屓さんに甘えるようになると、どうしても芝居が小さくなります。

それに、気になる女性が客席にいると、その女性に受けようとして芝居をするから、周りがどんどん見えなくなってくるのです。御贔屓さんも、目当ての女性も客席にいない日には、今日はつまらないなとつい手を抜いてしまったりと、若さゆえにどんどん驕《おご》り高ぶる自分がいました。

御祝儀の多さを鼻にかけ、大先輩の役者に、「昔ながらの芝居ばっかりやってるから稼げないんだよ」と悪態をついたり、騒がしい客がいれば、「おい、俺の芝居に因縁をつけるのかい？」とアドリブ風に脅してみせたりと、今思い出しても、あの頃の自分は最悪だったと思います。もしもタイムマシンがあれば自分を思いきり殴りに出かけるところです。武生座長もそんな僕に手を焼いていましたが、驕っている時、周りからちやほやされて調子に乗っている時というのは、誰に注意をされても聞く耳を持たないものです。どうせ兄貴も俺に嫉妬しているんだろう、とさらに勘違いをしてしまう。だから驕っていると、人はどんどん愚か者になっていきます。おふくろはただ、そんな僕を心配そうに見守っていました。

そして、二十歳を過ぎたあたりから、僕はこのままでいいのかと思い悩むようになりました。自分の芝居が昔ほど評判を呼んでいないことに気がついていたのです。そして毎日が退屈でした。そんなある日のこと、武生座長は、珍しく一座にいた兄姉達を集めて、食事会を開きました。食事が終わるや否や、座長の目つきは突然厳しいものとなり、一同を見渡してこう言いました。

「今日は、みんなに聞きたいことがあってこの会を開いた。今日ここで、みんなひとりひとり、どんな気持ちで芝居をやっているのか、その気持ちをあんちゃんに教えてほしいんだ。真剣に答えてほしい」

どんな気持ちでやっているかなんて、考えたことはない。芝居の一座に生まれたからやっているだけ……突然の大上段な質問に面喰らい、みんなそれぞれ適当なことを言っていました。僕も、ふだん生意気なことを言っているくせに、この時ばかりはしどろもどろになったのです。

「俺は、あんちゃんに言われた通りにやっているだけだけど」

「じゃあ何か。俺のためにトンコは芝居をしてきたのか？」

「うん。だってあんちゃんが座長じゃないか」

兄姉達も、僕の言葉に頷いていました。武生兄はもう一度、全員の顔を見渡してからこう切り出した。

「あんちゃんのためにやっていると言うんだったら、お前達みたいな役者はいらない。役者として特に欲しいと思う奴はひとりもいない。だから、本当にあんちゃんのためにやっていると思っているんだったら、今すぐこの場で役者をやめろ」

僕はショックでした。僕のことをいらない？　武生兄は続けます。

「お前達は、あんちゃんのことが好きで役者になったわけじゃないだろう？　なあトンコ、そうだよな？」

「まあね」

「いいか。親孝行のために芝居をやっているんだと言うなら、これからもあんちゃんと一緒に芝居をやっていこう。おふくろは、俺達に跡を継がせようと命を賭けて俺達を育ててくれた。おやじが戦争に行っているあいだ、おふくろが俺をおんぶしてどれだけ苦労をしていたか、俺はおぼろげながらに覚えているよ。おやじは砲兵として何度も戦争に行って、重い銃砲を背負って歩く日々だったから、腰が曲がって帰って来た。役者としては致命的だ。それでも舞台に立って、俺達が喰うものに困らないように育ててくれたんだ。そういう両親への親孝行のつもりで役者をやる覚悟ができているなら、これからも役者をやれ。おやじが死ぬまで、俺と一緒にやろう」

兄姉を一堂に集めた武生兄でしたが、その言葉を一番誰に向けて言いたかったかといえば、もちろん僕だったのでしょう。人気に胡坐をかき、御贔屓の目ばかりを気にして芝居をしたり、より快楽を得ることばかりを考えて行動し、両親の想いや劇団の将来を考えずにいたことに、この言葉で気づかされました。

そんなとき、兄の武生は龍千代にこんな提案をしたのです。

「母ちゃん、トンコに女形をやらせてみたいんだが」

龍千代は驚きました。僕は野球で鍛えた骨太な体格で、いかり肩、決して二枚目とは言えない風貌。本当にできるのだろうか、と心配をしたのです。

しかし武生はこう言います。

「いや、ごっつい男だからこそ、そんな富美男が舞台の上で絶世の美女に変身したら客席が沸くじゃないか」

なるほど、武生の考えに龍千代は納得しました。僕も最初にそう言われたときは、冗談じゃねえよ、オカマじゃあるまいし俺に女形なんかできないよと反発しました。しかし武生兄は譲りません。

「人気劇団になるには、これからはスターがいるんだ。お前だっていつまでも三枚目ばかりじゃイヤだろう？　そのスターをやらせてやるってあんちゃんは言ってるんだよ。第一、お前、女が嫌いか？」

「好きだよ」

「そうだろう？　好きなんだから、いくらでも観察できるだろう。観察して自分のものにしろよ」

なんとなく説得をされ、晴れて女形として舞台に出ることになったのです。おふくろはうきうきしていました。そしてここぞとばかりに、手取り足取り、たおやかな踊りの所作を僕に教えてくれました。

「肩を落とすこと、腰を落とすこと、背筋を伸ばし顎を引くこと。そうそう、柳腰《やなぎごし》にして、いつもここは柔らかくね。口は少し開いておいて。色気は唇の動きで表現するの。はい、そこで三つ目を切ってごらん」

三つ目を切るというのは、女形の舞踊の基本です。色っぽく視線を流すときに、ただ漫然と流すのではなく、右から中央、中央から左へと、三回視線を意識して止めながら流していくテクニックです。

龍千代は次第に、女形の所作を身につけていく僕を見て、嬉しそうでした。衣裳も、おふくろが一針一針縫いあげてくれました。首が太い僕のために、背中をぐっとあけた着つけを提案してくれたのもおふくろです。するとあら不思議、己のごっついいかり肩から背中にかけてのラインがたいそう色っぽく見えます。

そしていよいよ、女形の初舞台の日。天津羽衣さんという方の、『黒船哀歌』という曲で踊ることになりました。この日に合わせて、おふくろは、とびきり豪華な総絞りの振袖を縫ってくれました。

芸者姿の僕が初めて舞台の中央に出たとき。客席がシーンと静まり返ったのを覚えています。次の瞬間、わーっ！と歓声が上がり、割れんばかりの拍手が起きました。

その日、緞帳が下りた後の嬉しそうなおふくろの顔を、僕は今でも覚えています。人気というのは一度火がつくと、自分ではコントロールができないものです。僕自身も何が起きているのかわからぬまま、女形の梅沢富美男がとびきり美しいと、あれよあれよと新しいお客さんが遠くからやってきました。

化粧を落としてお客さんのお見送りをしていると、女性のお客さんが、「ねえ、さっきの黒船哀歌を踊った役者さんを連れてきてくださらない？」と私に頼みます。「あれ、僕ですよ」と言っても「冗談言ってないで早く！」と相手にされないものですから、仕方なく、もう一度お化粧をして衣裳を着替えて出直すこともありました。

テレビドラマには出るわ、レコードは出るわ、毎日がてんやわんやの日々でした。ええ、今の僕もおかげさまでたいそう忙しいですが、それとは比べ物にならないほどの忙しさでした。しかし、人気が出れば出るほど母は心配しました。

「トンちゃん、いいかい、ここで天狗になったら、すぐに落ちるからね。右見て、左見て、それからまたじっくり前を見て、一段一段階段を昇っていくんだよ。ここまで一人で来たと思ったら大間違いだよ。皆さんがお前を持ち上げてくださったんだ。感謝の心を忘れちゃいけないよ。いくら人気者になったって、たとえ紅白歌合戦に呼ばれるようなスターになったって、踊れと言われればみかん箱の上でも踊るのが本物の役者だよ。役者というのは死ぬまで勉強なんだからね」

もちろん父の清も、僕の人気に火がついて再び大衆演劇が見直されてきたことをとても喜んでいました。しかしその頃より、清の身体が思うように動かなくなってきました。舞台の上で倒れたり、急に台詞が出てこなくなったりすることが増えたのです。

老いぼれた肉体をお客さんに晒すわけにはいかないと、伝説の二枚目役者、梅沢清は引退を決めました。昭和52年のことです。

＊当時、雑誌に掲載された梅沢清のインタビュー記事

〈引退する大衆劇の雄・梅沢清　高血圧症でやむなく。50年の舞台、まだ未練が…〉

●篠原演芸場

浅草木馬館が大衆演劇の劇場に変って、この世界もにわかに注目されるようになった。客足もよく、木馬館大衆劇場は、浅草の新しい名物になりつつある。しかし折角の再興気運に背を向けて、寂しく舞台を去っていく人気役者もいる。十月の東十条・篠原演芸場は、梅沢清の引退興行が行われる。

昭和の初め、芝居の道に入って五十年、高血圧症のため、止むなく引退する梅沢清は、あとに梅沢武生一座を残した。引退を前に悔しさと寂しさを交互にみせながら〝この道五十年〟を懐古した。

●九州で初代梅沢昇に入門

ここ三、四年舞台は休んでいます。高血圧で倒れ、入院半年、まあだいぶよくなったんですが口も少し悪いし、第一足が弱くなってしまったんですよ。手もよくない。いま六十八歳です。役者としてはまだまだ若い年頃なんですが、どうしょうもありません。

三年も四年も遊んでいると、早く出たいと思います。息子が呼びにきて、舞台を見ると、本当に早く出たいと思います。だが体が。歯がゆい思いです。十月が本当に最後の舞台になりました。でもまだ出たい反面、出たくもない気持なんです。

私が芝居の道に入ったのは、十八歳ぐらいだった。当時、私は八幡製鉄の養成所の学校にいたんです。父親も製鉄所の職長でした。芝居が好きでネ。あの頃八幡には大劇場が四軒あり、場末の分も数えるとずい分あったもんです。

そこで初代の梅沢昇を見たんです。すっかり惚れ込みましてネ。父親に訳を言ったら、一緒に頼んでやろうといって、弟子入りができました。その頃師匠は成田家梅昇といっていました。そこで私の名は成田家梅三郎。私が三番目の弟子だったんです。二番目が梅二といいまして、一番弟子は忘れました。

内弟子は大変ですよ。巡業先で、朝になるとすぐ師匠の宿屋へ行って、洗面の水を汲み、いろいろ用事をします。帰っていいといわれるまで、そばにいるんです。稽古の時は、師匠の座蒲団を持ち、履物も持ってついて参ります。内弟子は、師匠に気に入れられると役が早くつきます。でも、それだけに囲りからそねまれて。私がこれという役を貰ったのは二年目ぐらいでしたか。これは早い方だったんです。役がつくと死物狂いで努力したもんです。なにしろ座の連中ときたら、腕達者なのがいっぱいで、今みたいに顔だけいいというのはダメなんです。

え、給金ですか。小遣いだけで十円ぐらいでしたかね。

●応召、そして独立、ＧＨＱの通達

二十六歳で召集されて、上海に行きました。満州事変ですよ。軍隊には、そのあと何度も行きました。ただ運がよかったのは、内地勤務だったことです。軍隊から帰ったら、太夫元がいて、その座の看板にして貰いました。師匠に手紙を出しましたら、まだ一座を持つのは早いという返事がきましたが、師匠はそのうちに梅沢昇と改名したので、私は清という名を戴きました。

独立したのは東北の仙台座。ここで蓋開けして東北、北海道と回り、秩父へ来ました。秩父座で私達が打ったあと、師匠がその劇場へやってきたんです。二代目梅沢昇の披露できたんです。ま、そこで劇場主から、私のことをいろいろ聞いたようです。お陰様で、私の方も評判がよかったもので、劇場主が誉めてくれたんでしょう。

最後の軍隊は鹿児島勤務でした。終戦になって、復員したのは十一月でした。私の座は女房が替って運営しておりました。女房は竹沢龍造の弟子で龍千代といいますが、女歌舞伎の出です。苦労したようです。何しろ若い男の座員は全部召集ですからね。残った弟子と、それに子供が少し使えるようになっていたので、身内だけでやっていたんです。

復員の時、座は福島の新開座に出ていました。夕方の四時か五時、芝居が終ったあとに私が帰ったんです。みんな驚いたり喜んだりで。町は火の消えたような寂しさでした。

翌日から舞台に立ちました。やっぱり芝居は気持がいい。

ところがここに降ってわいたような事件が起きます。

昭和二十一年十一月、ＧＨＱ（連合軍最高司令部）通達で、「反民主々義、非人道主

義的な芝居はやってはいけない」という通達が出たんです。台本は検閲、舞台も警官とＭＰが監視するというわけでして、私の芝居は旧体制だというわけで『伊那の勘太郎』と『忠治の万年溜』だけは許して貰ったけど、あとはダメ、ところが、ここに名誉なことがありましてネ。『伊那の勘太郎』は私と長谷川一夫さんだけが許されたんだそうです。

仕方がないので、台本に抜け道をこしらえてやりましたが、ある時、仙台でピストルを撃つ芝居をやって中止を食らいまして、いちいち説明して、始末書書いて許されたこともあります。

大劇場はよく客が入ったんですが、小さな劇場はダメでした。で入場料も五〇円から三〇円にしたんですが、それでは生活ができない。あの頃は三〇円以上は税金が重くて、どっちにしろ大変だったんです。

その劇場もだんだん映画館になって、仮説の小屋でやったこともあります。

でも芝居をやめるということは、一度も考えなかった。どんなに苦労しても、役者しか私の人生はないと思っていました。だから、今こんなことになるとは思いもよらなかった。篠原演芸場は住いのすぐそこですが、なまじ舞台を見るとやりたくなるので、見ないんです。本当に寂しくて悔しくて、やり切れない思いです。
息子達ですか。富美男が伸びてきたようですが、全体にセリフが早過ぎて、間が欲しい。私の芝居は沢山あるので、舞台にかけたいのですが、このままでは宝の持ち腐れです。『揚巻・助六』は誰にもやらせなかったのですが、武生がよく覚えていてくれました。これからの芝居は、やはり変化が大事でしょうね。

『娯楽にっぽん　昭和52年10月1日発行号』より

清と龍千代の舞台

最終章

おまえを生んでよかった

昭和52年は梅沢一座にとって、ひとつの区切りの年であり、新たな出発の年でもありました。梅沢清の引退興行が決まったのです。

「息子5人を子分役に引き連れて、俺が親分役をやるのが夢だ」

と常々言っていた清の夢を、龍千代と僕らが叶えました。

もう手が不自由になっていたので、清の化粧は武生兄がしました。「父ちゃんの最後の舞台だね」。父の頬に白粉を塗りながら、兄は静かに泣いていました。

このときの演し物は、梅沢劇団の十八番、『東男に京女郎、揚巻・助六』という芝居で、従来は清の役どころであった助六を武生が、仇役を清が演じました。口も不自由になっていましたが、完璧に台詞もこなしました。

龍千代は、そんな夫の花道を見つめながら、戦時中はいろいろ苦労があったけれども、たくさん子どもを生んでおいてよかった、と感無量になったそうです。
家族一丸となって大成功を収めた引退興行が終わると、清の病状は急速に悪化し、脳梗塞から脳軟化症となり入退院を繰り返すようになりました。最後は妻の龍千代のこともわからなくなり、妹の千代子の名前を呼んでいました。

「いやねえ、清さん。あなたの奥さんのこと忘れちゃったの？　ねえ、それにしても、人生なんて振り返ってみればあっという間ねえ。ついこの前、一緒になったと思ったら、もう梅沢一座は、子ども達に任せられるようになっちゃった。清さん、私と一緒になって幸せでしたか。惚れた相手じゃなかったかもしれないけど、私はね、幸せでしたよ。剣劇一座に嫁入りしたときはどうなるかと思ったけど、今となればぜんぶが楽しい思い出ですね」

「ふふふ……」

「なあに、お父さん。何を思い出しているの？　どんな夢を見ているの？　ねえ、黙っていないで私にも教えてくださいな」

舞台の合間の時間を縫っては、子どもの頃の記憶しかなくなった病床の清に、龍千代は一生懸命話しかけていました。

梅沢清が亡くなったのは昭和58年6月16日。享年74歳でした。

僕は初めて出したレコード『夢芝居』が大ヒットして、さらに仕事が増えてわんやわんやの毎日を送っていました。毎日、舞台やって、テレビに出て……テレビ番組も、今よりも拘束時間が長かったように思います。1日に3時間眠れたらラッキーなくらいの日々でした。

井上陽水さんの歌じゃないけど、僕は大人になってから泣いたことはありません。子どもの頃、祖母のもとに預けられていたときは悔しい思いをいっぱいして、かあちゃん、かあちゃんとわんわんと泣いていましたが、役者を本気で目指すようになってからは泣かなくなりました。痛い思いも、悲しい思いもたくさんしましたが、痛かったり悲しかったりで、男が泣いてどうする、という思いがあったのです。

映画を観たり本を読んだりして、一瞬ほろっとする以外は、涙を見せずに生きてきました。

だけど、親父が死んだときだけは、これでもかというほど涙が出ました。

なぜかって、悔しかったんです。ようやく僕の名前が売れてきて、これから親孝行ができるというときに死んでしまったからです。もうちょっと長生きしてくれたら、親父とゆっくり語り合える時間もできただろう。芝居についてもっともっと話を聞けただろう。せめて、もう半年生きてくれたなら、紅白歌合戦に出場が決まったことを喜んでもらえただろうに。あともうちょっと、もうちょっと待ってくれたのなら……もっと立派な家から、葬式を出してあげられたのに。

親の死に目に会えないのが役者の運命《さだめ》だと親父もおふくろも言っていた通り、親父の臨終には間に合いませんでした。仕事の打ち合わせをしていたときに、病院にいた家族から危篤との連絡が入り、慌てて駆けつけたけれど、やっぱりダメでした。

まだ体温の残る親父の顔が、「トンコ、お前、仕事をほっぽりだして来たんじゃないだろうな。そんなの、父ちゃん許さないからな」と言っているように思えました。

ああ、親父には全部バレているんだなあと思って、数分だけ病室にいて、すぐに仕事に戻りました。

看取ってくれた看護師さんがこんなことを言いました。

「どこから聞きつけたんでしょうかね。この病院にも、梅沢さんのファンの方がたくさん来られたんですよ。この病院で待っていれば、梅沢さんに会えると考えたんでしょうね。それで私が、〈清さん、待合室に息子さんのファンがたくさん見えているんですが、今日は、富美男さんは来られる日ですか?〉と訊いたら、〈いやあ、富美男は今、売れっ子だからねえ、なかなか来られないんですよ〉と嬉しそうに仰るんです。それで、〈ファンの人達が会いたがっているけれど、どうしましょう〉と言うと、〈わかりました。あいつの親は私です。私が代わりに握手しましょう〉って言ってくださったんですよ。身体の具合が悪かったのにねえ」

いつも厳しい親父が、まさかそんなことを言っていたなんて……。僕の知らない一面でした。そして、病室の枕の下からは、武生と僕の相舞踊の姿が写っている1枚の写真が出てきました。

せつなくて、泣きました。

出棺の前日、家に帰ってきた親父の亡骸を僕は一晩抱いて寝ました。人気二枚目役者という自分の立場を考え、子どもの頃は抱っこも肩車もされなかったので、親父のそばで寝たのは、それが最初で最後だったと思います。

何度も戦争に行き、腰が曲がるまで野戦重砲兵という重要な任務を果たした親父でしたが、お国の事情があったのでしょう、戦後の記録では、親父は戦争に行っていないことになっているんです。命を賭けてお国のために闘ったのに、なかったことにされているのです。恩給も出なかったようです。それに対して、親父が何か文句を言うことはありませんでしたが、どんなにか悔しかったろうと思います。

冷たくなった親父を抱きながら、いろんなことを思い出していました。いつだったか、こんなことも言っていました。

「いいか。何をやってもいいが、泥棒と人殺しだけはするな。しかし、ひとつだけ例外がある。家族を守るためなら話は別だ」

親父にとってあの戦争はどんな戦争だったのか。そこで何を見たのか。どうやって帰って来たのか。おふくろと子ども達のことをどんなふうに思っていたのか。何ひとつ、聞けずじまいでした。

焼き場に行ってもまだ涙が止まらない僕の横で、おふくろは気丈に振る舞っていました。夫婦が連れ添ったのは44年。そのうち何年かは戦争で離ればなれになり、それ以外の時間は、舞台の上で働きづめのふたりでした。たった一度だけ、ふたりで映画を観たことがあるとおふくろは目を細めて言っていました。

親父が死んでから1年後のある日、水戸で公演をしているときだったでしょうか、おふくろの元へある男性が訪ねてきたそうです。

「あの、梅沢富美男さんが今『昭和枯れすすき』を踊っていらしたんですが、梅沢さんのお父さんというのは、もしかしたら池田清さんではないでしょうか」

「はい、確かに富美男の父親の本名は池田清といいますが、失礼ですが貴方様は？」

「実は私、先の戦争のときに、トラック諸島で池田さんと同じ部隊にいた者です。池田さんはときどき、仲間を前に芝居をやってくれましてね。『瞼の母』という演目のときに、演出で雪を降らせようっていうんで、私達、内地から届いた手紙の封筒だけを小さく切り刻んで、雪を降らせたんですよ。それで今、富美男さんが『昭和枯れすすき』で踊っているところに雪が降ったでしょう？　あれ見て、ハッとしたんです。池田さんにそっくりじゃないかってね。池田さんのおかげで、戦地でどんなに殺伐とした気持ちになったときも、私達、どうにか生き抜いてこられたんだと思います」

龍千代にとって、初めて知る戦地の夫の姿でした。

「遠い遠い南の島に雪を降らせていたなんてね、戦争中もあの人は、芝居を忘れることはなかったんだね。ああ、梅沢一座を続けながらあの人を待っていて本当によかったわ。今思えば、師弟関係のような、ちょっぴり他人行儀な夫婦だったかもしれないね。芸の上では、師匠でありライバルだったから。私はあの人に、役者として追いつけたのかしらね。わからないわね。だけど8人も子どもを授かったんだから、文句はないよ。あと半年生きて、トンコの出た紅白歌合戦を見てから逝ってくれたなら、もう完璧だったけど」

そのおふくろも、昭和54年、66歳のときに白血病と診断されていました。あるとき劇場がお客さんでごった返していて転んだときにできた怪我の出血が2ヵ月も止まらないので検査をしたところ、白血球が19万もある。生きているのが不思議なくらいだ、と診断を受けたのです。

もって半年だ、と医者はおふくろのいないところで僕達に言いました。薬を飲んで、白血球を抑えるしか術はないと。出血したら命取りになりますとも言われました。しかし、とても余命半年だとは思えないほど、その後も変わらず劇場で働いていました。人手が足りないときは、舞台にも相変わらず立っていました。僕は当初、もう休ませてやろうよ、とおふくろが仕事を続けることに大反対しましたが、武生兄は、こう言うのです。

「お前、わかってないなあ。最後まで舞台に立たせてあげることが、おふくろにとっての一番の治療。最高の親孝行なんだよ」

確かにそうでした。昔、僕が、インフルエンザでものすごい高熱を出してドクターストップがかかったときのこと。今すぐ入院させましょうという医者に向かっておふくろはこう言ったそうです。

「先生、帰ってください。この子は舞台で殺しますから」

そして、意識が朦朧としている僕の頬を軽く叩いてこう言いました。

「トンちゃん、お客さんが待っているよ。お客さんがあなたを見るために高いお金を払ってわざわざ来てくれたんだ。頭が痛いとか言っている場合じゃないよ。さあ、舞台に出てお行き！　休みたいなら舞台で倒れなさい」

気がつけば、僕は舞台に立って台詞を言っていました。それをじいっと舞台袖で見届けたおふくろは、トンちゃんごめん、本当にごめんよ、とさめざめと泣いたそうです。

そんな人だから、舞台で倒れたら本望かもしれない。僕もそう思うようになりました。よし、わかった。それなら、最高の親孝行をしてあげよう。親父にできなかった分、おふくろ、いや、竹沢龍千代の花道を飾ってやろう。

余命半年と言われながら、おふくろはその後も驚くほどの生命力を見せてくれました。そして昭和61年のこと。梅沢武生一座は、明治座の舞台に立つことになりました。明治座は、役者なら誰もが目指す憧れの劇場のひとつです。おふくろのために、ここで連日大入りの新記録を作ろう、と兄弟で話しました。昔、十円芝居と呼ばれていた親父の剣劇一座にとっては、この明治座でやることは、僕達が計り知れないほど誇り高き名誉だったのでしょう。しかし、ただ舞台に立つだけでなく、連日大入り記録を作るというのは、並大抵のことではありません。しかし、僕達は、龍千代と一緒に出演した舞台で、この記録を達成することができました。

もう身体はだいぶ弱っていましたが、それでも気丈に舞台を終えたおふくろは、僕に微笑み、こう言ってくれました。僕が今まででいちばん嬉しかった母の言葉は、これです。

「おまえを生んでよかった」

親父が死んだときに、ずっと泣き続けていた僕を見て、おふくろはよくこう言っていましたね。

「わたしのときは泣かないで頂戴よ」

だからおふくろは、僕が遠くの仕事のときを見計らって、旅立ったんだと思います。

余命半年と言われてから、なんと20年、奇跡的に生きてくれたおふくろでしたが、最後は入院生活でした。

僕が九州公演のときのこと。どうしたことか、開演15分前になっても、なぜだか僕は、支度ができないでいました。全身に力が入らないのです。開演5分前。隣にいた妹の泰子に促されても、それでもまだ、化粧ができずにいました。その時です。

「トンちゃん！」

はっきりと、おふくろの声が聞こえました。僕はいわゆるスピリチュアル的な話が苦手だし、神様も信じていないのですが、この時ばかりははっきりとそう聞こえたのです。

「トンちゃん！」

僕はとっさに携帯を手に持ち、女房に電話をかけました。電話に出るなり、女房はこう言いました。

「なんでわかったの？　お母さん、たった今、亡くなったのよ」

目が覚めました。まずい、早く支度をして舞台に上がらないと。さっさと行けとまたおふくろに叱られてしまう。慌てて衣裳を着る僕を見て、妹がこう言います。

「あーあ。母ちゃんの御世話をしていたのはもっぱら私だったのにさ、やっぱり最期は富美男兄ちゃんのところに行ったか……。一番大事な息子だったんだねえ。ずるいなあ」

妹は泣き出しましたが、僕は泣きませんでした。こんな日に限って、龍千代が仕組んだように演し物は喜劇芝居でした。

さあ、幕が上がります。

「トンちゃん、幕が開いたよ。ほら笑って。お客さんが見ているだろう。顔で笑って、心で泣いて。それが役者で、それが人生っていうものなんだよ」

了

母親である前に生涯役者であった人でした。
良い母親だったとは決して言えないでしょう。
でも、もう一度生まれ変われるならば、
僕はやっぱり、龍千代の息子として生まれたいのです。

——梅沢富美男

梅沢清が戦地から龍千代に送った葉書

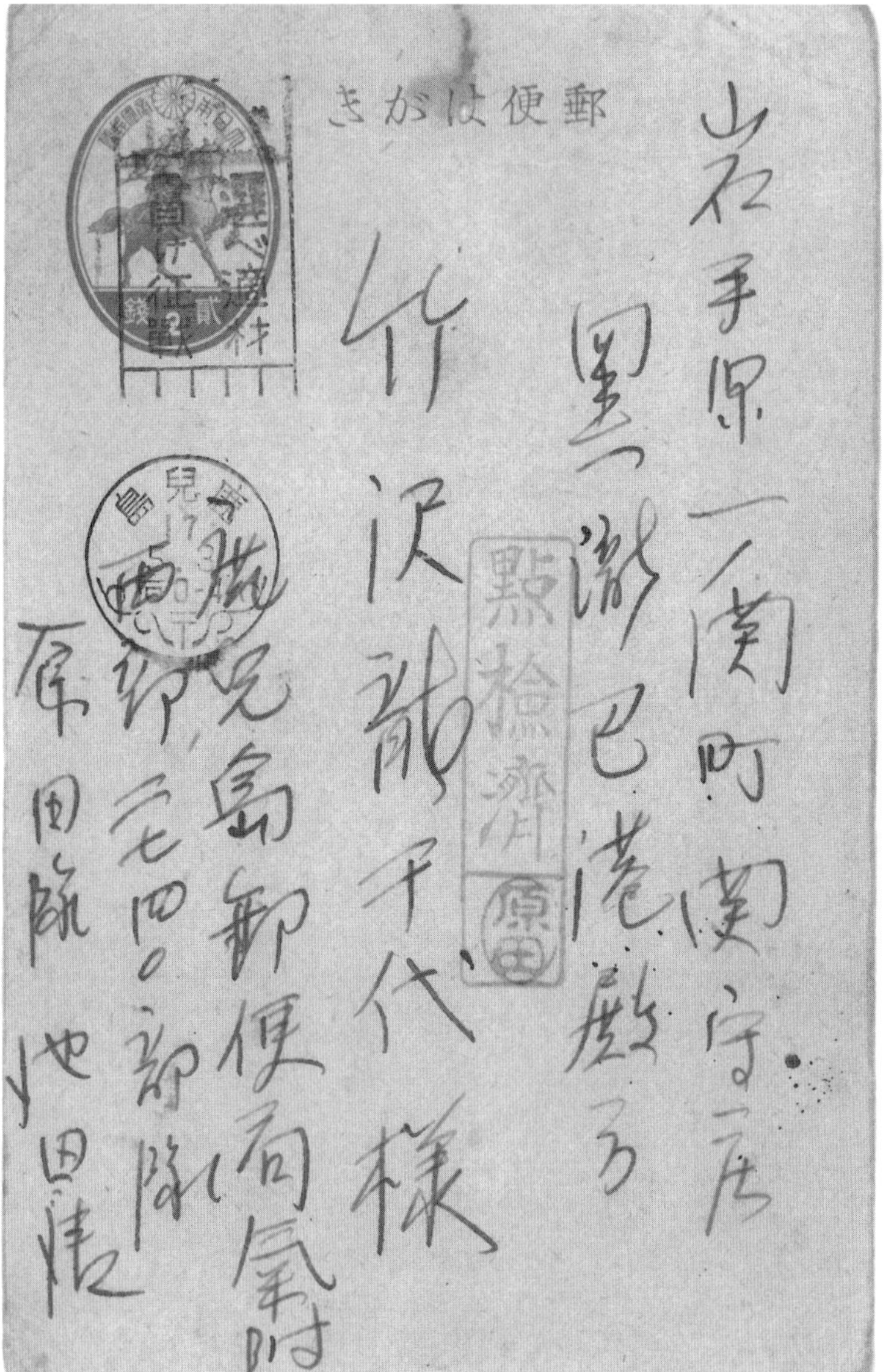

拝啓 其の後無事か不無事で到着した故、安心して呉れ此の度大変又御掛けたね
武法はどうして居るか安光弘事は無事かね
今一番危い時だから手も廻り兼ねるか
元気を附けて来さい 武法出来る丈は彼の思ふ様にして遣って来さい 今年一人で大事と思ふが残は利行さんと話してあるから
無理せず利行さんと良く世行先を知己合って行くはって来さい 小生が帰ればどうにでもなるからね 必ず無理せず元気で頑に気を附けて待つ

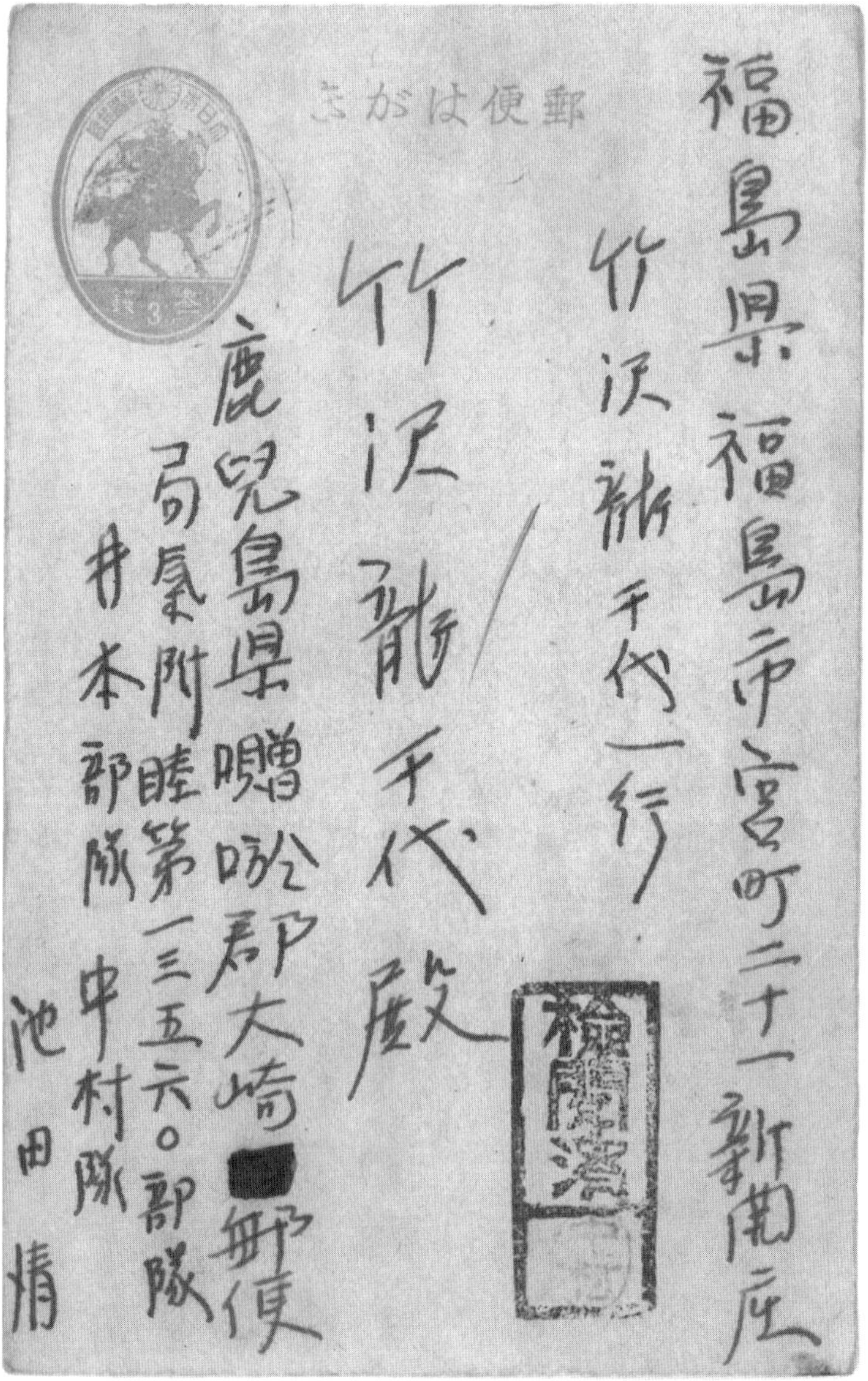
郵便はがき
大日本帝國郵便
参銭
福島県福島市宮町二十一 新開庄
竹沢新千代一行
竹沢龍千代殿
検閲済
鹿児島県贈唹郡大崎[redacted]郵便
局気附睦第一三五六〇部隊
井本部隊中村隊
池田清

拝啓 其ノ後皆元氣デスカ 小任モ元氣デ奉公シテ居リ升
安心シテ下サイ 其ノ後様子ハ如何デスカ 定メシ困難ナ事ト思
イマス 然シ元氣ヲ出シテガンバッテ下サイ 子供ニモ無理ヲサ
セズニ又小任ノ留守中ダカラト云ッテ無理ヲセズニ良ク考ヘテヤ
ッテ下サイ 最悪ノ時ハ庄司様ニ話ヲシテ一室ヲ貸シテ休レ
デモ良イ 良ク松井君皆サンニ相談シテ出来得ル丈残レタ
荷物ニ手ヲ掛ケナイ様ニシテヤッテ行キナサイ
小任ノ一身上ノ事ハ庄司サンヤ池田デナトお前宛ニ通知サ
レル事ニ成ッテ居ルカラ良ク頼ンデオク事 手続ヲシテ頂キ
ナサイ 本籍モ福島ニ移セル様ナレバ甚松カラ取ッテノ
福島ニ移シタガ良イト思フ 庄司サンニ良ク相談シテヤッテ
下サイ 福島迄皆宜シク 庄司夫人ニ宜シク傳ヘテ下サイ 子供元氣
デ居テ下サイ 相馬サンヤ子供達ニモ宜シク 小任サンニモ 宜シク

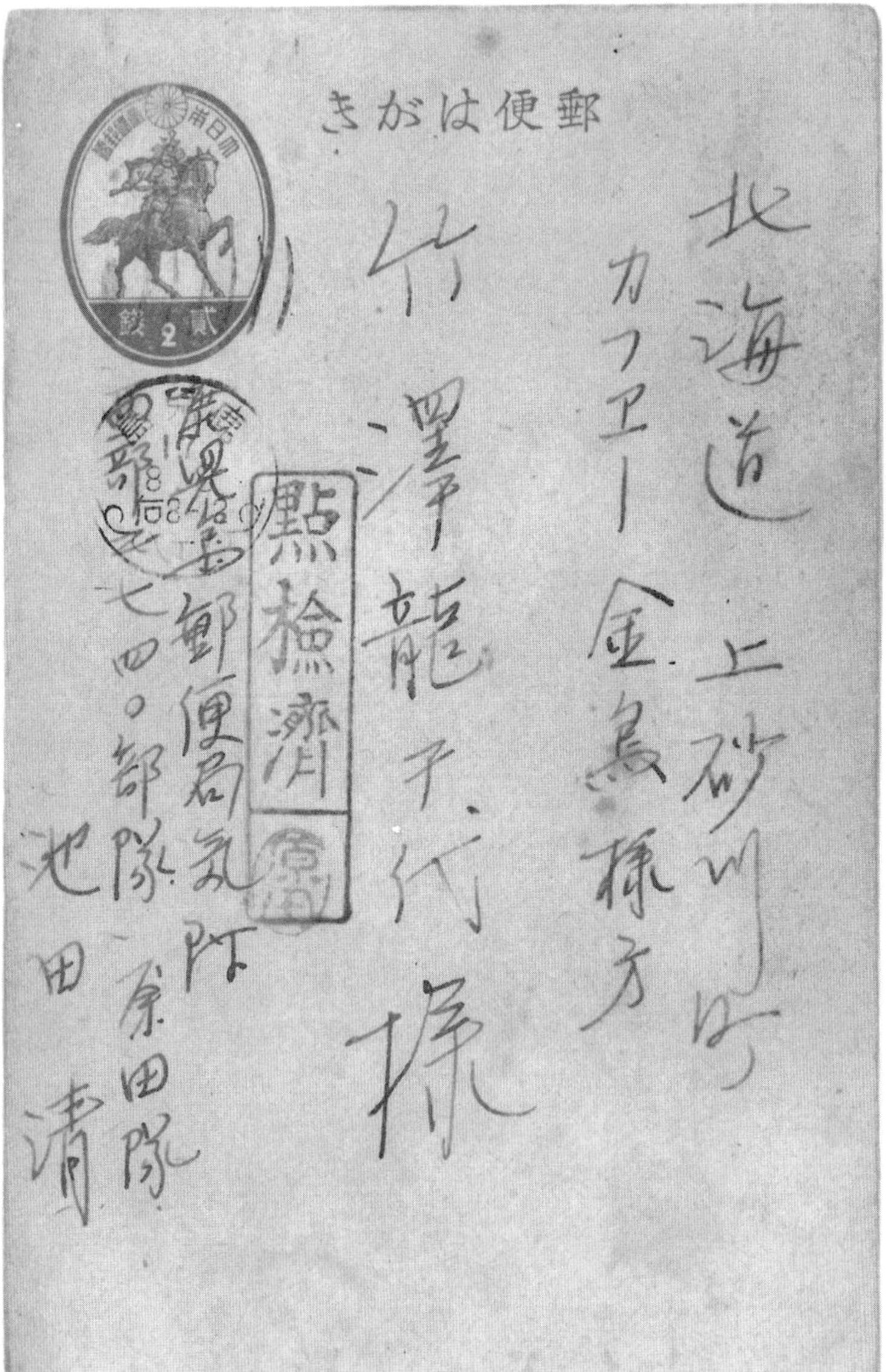
郵便はがき
貳 2 錢
北海道 上砂川町
カフヱー金鳥様方
竹澤龍千代様
點検濟
郵便局気付
七四〇部隊 原田隊
池田清

拝復 書面拝見致しました。武生及び光弘の
写真を見て奇麗に大きくなったので安心しました。定めし
苦労の多いことゝ思ふ。此の土ながら元気を出して
しっかりやって呉れ。磯田に座したとのこと万事便利に
なったことゝ思ふ。猶献物代も無事に手に入り光弘
のお人ぎょう日に祝福しておいしく飲んでおります。
此の上とも力を落さず、しっかり元気を出して
呉れ。應召の者は給金以外にはあまり遠慮中借して
は止めんせよ。以前の例もあること故、其の点をよく
注意して出征中万事不自由しないよう、なるだけ
給金以外は借らないで済ましてくれ。其の点よく気を
附けて玉七君 杉本君共宜しく傳へて呉れ
では元気にて奮闘を祈る

草々

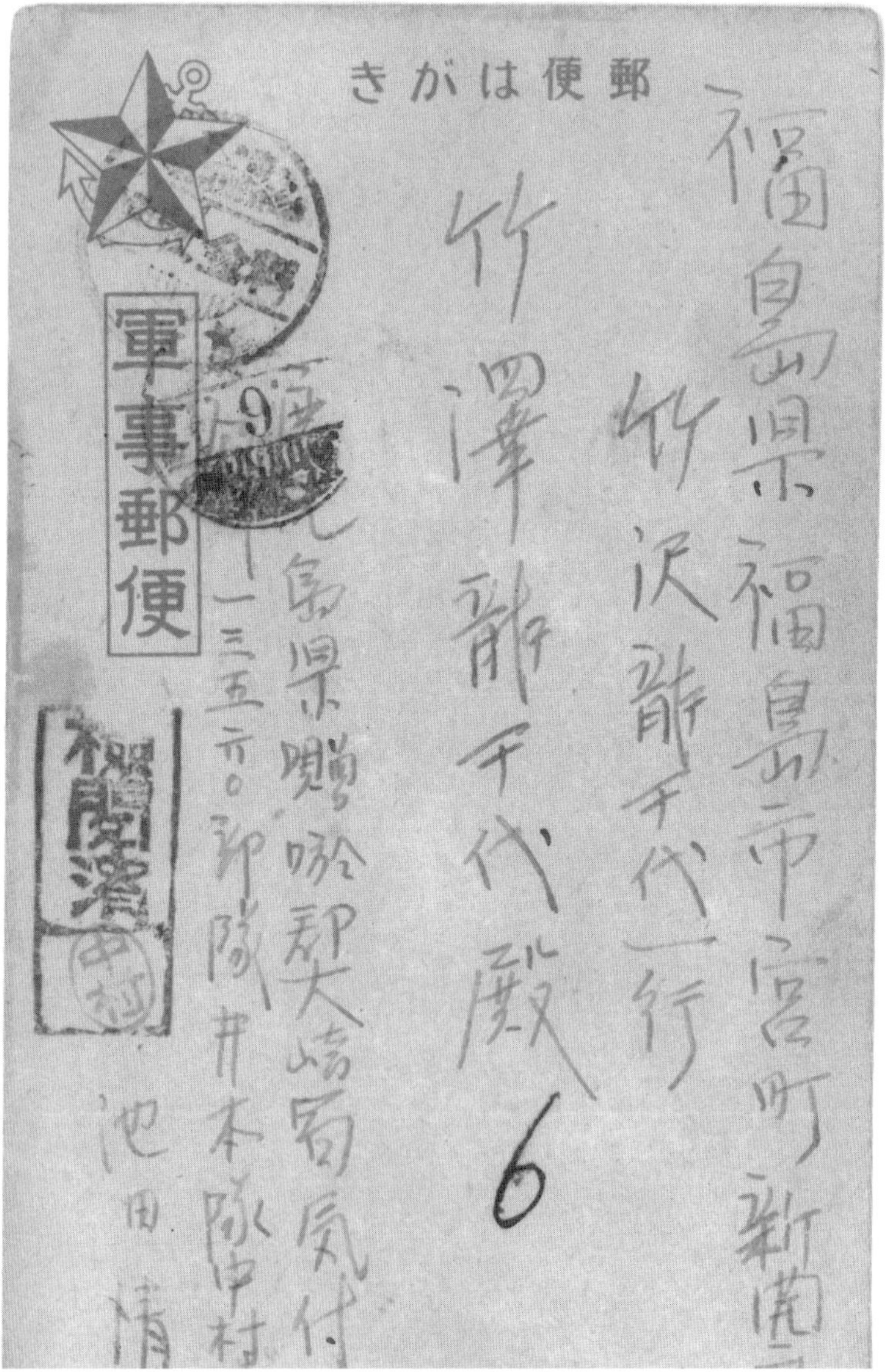
郵便はがき
福島県福島市宮町新聞
竹沢龍千代 行
竹澤龍千代殿
6
軍事郵便
島県囎唹郡大崎局気付
一三五六〇部隊井本隊中村
池田 情
検閲済
中村

拝啓 梅雨節ト相成りました 皆変り無きとの由安心
致しました 小生相変らず元気に奉公致して居ります故
安心して下さい 光行成績大変良好の由益々人手不
足の折から がんばって下さい 君、大変疲れるだろうが今
少しくの辛抱だ 月君が来たら大座を進めてはど
うかね。武生光弘昌子元気の由此の時期こそ
今食物気を附けて病気をさせない様に頼
みます 君あまり無理せぬ様に黒瀬さ
ん、宜しく 金谷 平井 光行郎如何致し
て居りますか 座員一同宜しく元気で奮闘祈る

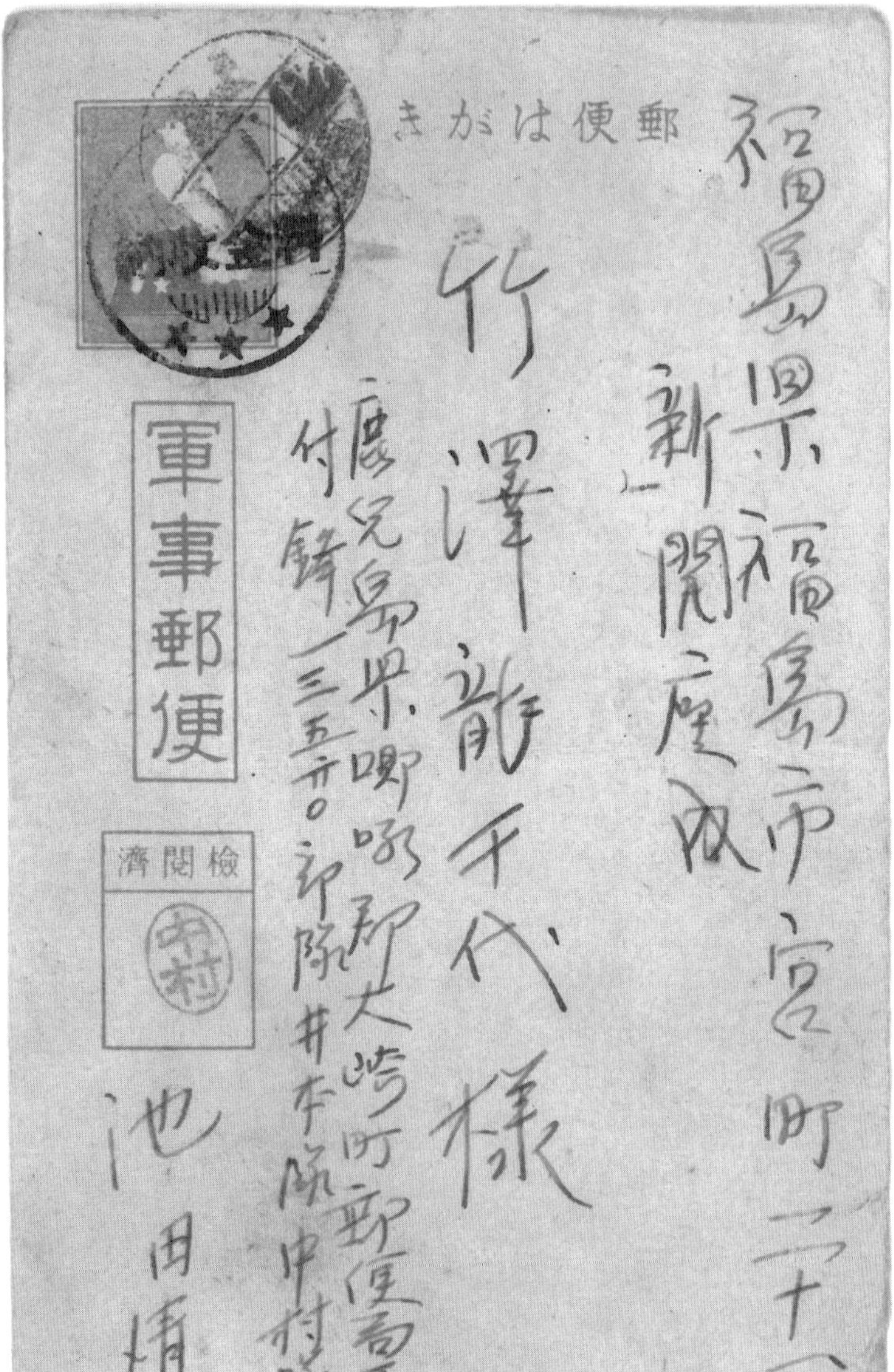
郵便はがき

福島県福島市宮町二十八
新聞座内
竹澤龍千代様

軍事郵便

検閲済
中村

鹿児島県囎唹郡大崎町野方高原
付録一三五六〇部隊井本隊中村隊
池田博

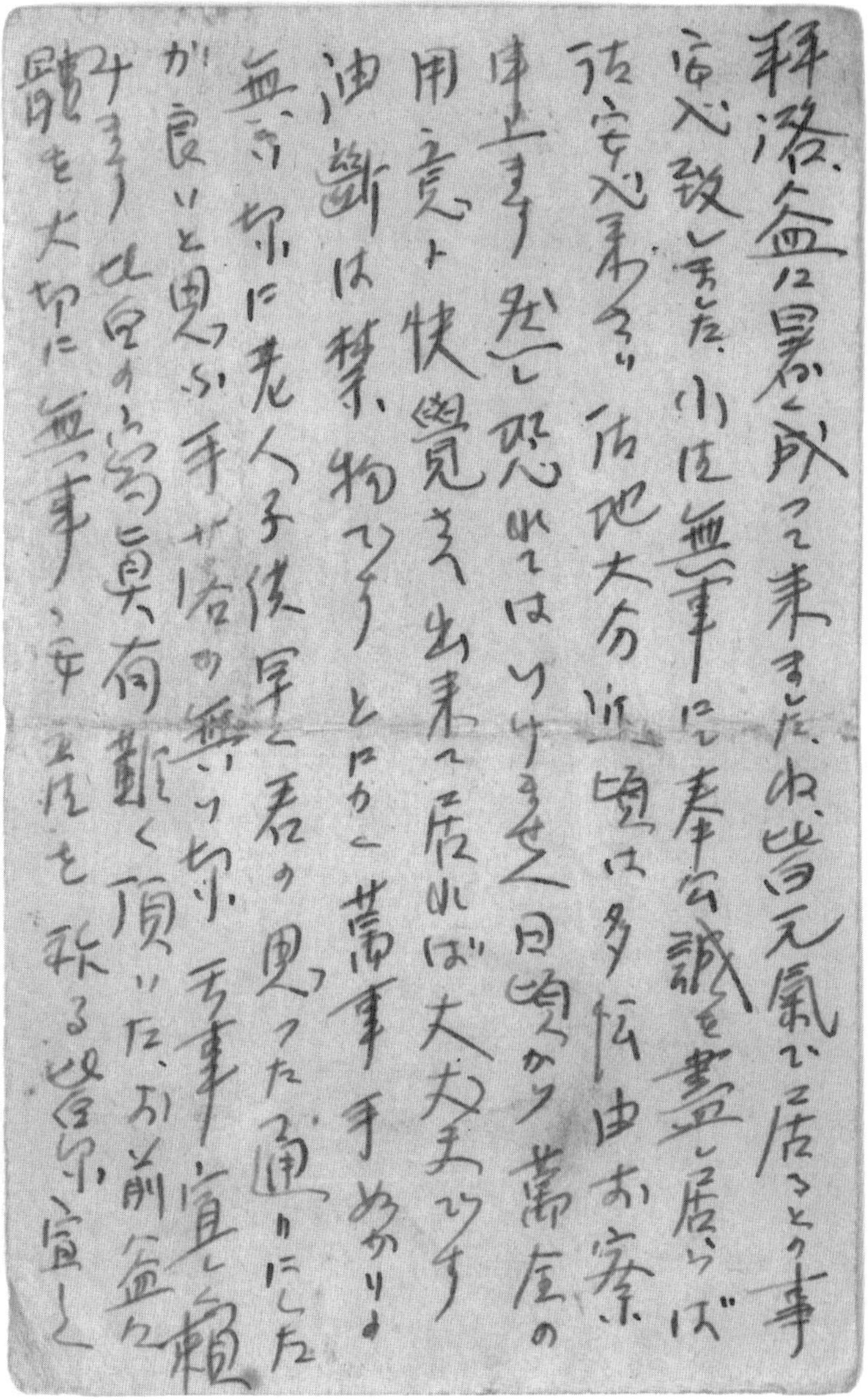
拝啓、益々暑く成って来ましたね、皆元氣で居るとの事
安心致しました、小生無事にて奉公誠を盡し居れば
御安心下さい、当地大分近頃は多少自由お察
申上ます、然し恐れてはいけません、日頃から萬全の
用意と快覚さへ出来て居れば大丈夫です
油断は禁物です、とにかく萬事手ぬかり。
無事で孫に老人子供早く君の思った通りにした
が良いと思ふ、手落の無い様に、孫事宜しく頼
みます、仕事の写真有難く頂いた、お前益々
體を大切に無事、奉公を致す、皆孫宜しく

参考文献　『旅の終りに』(文園社) 『下町の玉三郎　夢芝居』(実業之日本社)
JASRAC　出　１７１５１６－７０１

著者プロフィール

梅沢富美男（UMEZAWA TOMIO）

1950年11月9日生まれ。福島県福島市出身。「梅沢富美男劇団」座長。大衆演劇隆盛期に活躍した花形役者の父・梅沢清と娘歌舞伎出身の母・竹沢龍千代の５男（８人兄弟の５男）として誕生。１歳７ヶ月で初舞台を踏み、15歳から兄・武生が座長を務める「梅沢武生劇団」で本格的に舞台に立つ。その後、20代半ばで舞踊ショーの女形が話題となり、一躍大衆演劇界のスターに。2012年、兄・武生から劇団を引き継ぎ、座長に。舞台では二枚目から三枚目、艶やかな女形まで幅広い役をこなし、脚本・演出・振付も手がける。そのほか、テレビドラマや映画などにも俳優として多数出演。青森県藤崎町〈ふじりんごふるさと応援大使〉、福島県〈しゃくなげ大使〉、青森県深浦町〈深浦町観光特使〉など、ふるさとへの応援活動も多数。梅沢劇団は2019年、創立80周年を迎える。

顔で笑って、心で泣いて。――忘れられない母のことば

2018年1月24日　初版第一刷発行

著者　梅沢富美男

Special Thanks　みのもんた

カバーデザイン　片岡忠彦
装画　中村メグミ
本文デザイン　谷敦（アーティザンカンパニー）
協力　富美男企画
山崎昭子（富美男企画）
吉原和宏（写真）

編集　小宮亜里

発行者　田中幹男
発行所　株式会社ブックマン社
〒101-0065　千代田区西神田 3-3-5
TEL 03-3237-7777　FAX 03-5226-9599
http://bookman.co.jp

ISBN 978-4-89308-892-5
印刷・製本：図書印刷株式会社